LES PERSONNAGES

Vincent, Françoise, Pierre et Isabelle sont stagiaires à l'Hôtel Concorde.

Monsieur Dupuis
est chef du personnel
à l'Hôtel Concorde

Vincent
20 ans

Pierre
21 ans

Isabelle
19 ans

Françoise
20 ans

SOMMAIRE

BALADE DANS PARIS

14e épisode

MÉTHODE DE FRANÇAIS

BIENVENUE EN FRANCE

Tome 2
EPISODES 14 à 26

Annie MONNERIE-GOARIN
Agrégée de Lettres Modernes
Professeur au Centre International
d'Études Pédagogiques de Sèvres

à Cédric et Julien

Avec la collaboration de
FLORE HUSSENOT-JAKUBOWSKI et de MARCEL GOARIN

Documentation :
MARIE-FRANÇOISE BOULLET

AVANT-PROPOS

Bienvenue en France est une méthode d'apprentissage du français destinée à des adultes débutants.

Elle comprend deux manuels constitués chacun de 13 dossiers. Chaque dossier est composé de 4 parties :

- les **dialogues illustrés** sont la transcription d'épisodes filmés, où l'on découvre les mêmes héros dans des situations diverses. Les livres sont utilisables avec ou sans les films.

Certaines parties du film qui ne sont pas essentielles à la compréhension de l'histoire ou à la progression pédagogique (en particulier le début de certains épisodes) ne sont pas retranscrits dans le livre.

- la partie **Savoir Dire** reprend les situations de communication proposées dans le dialogue et les éléments linguistiques nécessaires à cette communication. Des exercices permettent d'assimiler et de maîtriser les actes de parole essentiels (se présenter, inviter, demander quelque chose, ...) et les structures élémentaires de la langue.
- la partie **Savoir Vivre** invite les étrangers à découvrir ou reconnaître les aspects principaux du pays et leur donne les connaissances pratiques utiles pour vivre en France : comment se déplacer, comment téléphoner, comment commander un repas... Des questions et des activités permettent de vérifier la compréhension des textes proposés.
- les **tests** font le point sur les acquisitions linguistiques.

L'éditeur remercie vivement Madame Josyane Thureau, Chargé de mission, Responsable du Bureau de l'Audiovisuel éducatif au Ministère des Affaires étrangères, qui a assuré la coordination de l'ensemble du projet ainsi que Messieurs Paul Ceuzin, Philippe Laïk et Dominique Harispuru, auteurs du film.

ISBN 2-278-01870-1

À L'HÔTEL CONCORDE

1 ***Vincent :*** Vous ne travaillez pas cet après-midi ?

Isabelle : Non, nous ne travaillons pas.

Vincent : Vous avez de la chance.

Françoise : Nous avons travaillé toute la matinée.

Vincent : Et où allez-vous cet après-midi ?

Isabelle : À la maison de la radio, nous allons chercher nos places pour le concert.

Pierre : Vos places ? Et nos places ?

Françoise : Nos places à tous les quatre.

Pierre : Ah bon... Ne nous oubliez pas !

Vincent : Bien ! On va travailler. Au revoir.

Isabelle et Françoise : Au revoir.

DANS LES RUES DE PARIS...

2 ***Isabelle :*** C'est loin, la maison de radio-France ?

Françoise : Non, c'est par là, après le Trocadéro.

Isabelle : On y va à pied. On a le temps.

Françoise : Oui, ça ne ferme pas avant six heures...

Isabelle : Bon ! Que fait-on, avant d'aller à la Maison de la Radio ?

Françoise : On se promène dans Paris !

SUR LES QUAIS

3 ***Françoise :*** Quand je m'ennuie, j'aime me promener sur les quais. Et toi, tu te promènes souvent ?

Isabelle : Moi aussi, quand je m'ennuie j'aime me promener dans Paris.
Quand j'ai le temps, je me promène le long des quais.

À UNE STATION D'AUTOBUS

4 ***Françoise :*** On prend l'autobus ?

Isabelle : Oui, oui. Où est la station ?

Françoise : Par là.

Au bout de quelques minutes...

Isabelle : C'est ici ?

Françoise : Oui, l'arrêt de bus est ici.

Isabelle : Tiens, le voilà.

DANS L'AUTOBUS

5 **Françoise :** Quel beau temps. J'ai hâte d'être en vacances...

Isabelle : Moi aussi...

Françoise : J'espère que tout va bien se passer. Tu as parlé à Pierre ?

Isabelle : Oui, je lui ai parlé. Il est d'accord pour partir dans cinq jours.

Françoise : À la fin de la semaine ?

Isabelle : Oui, oui..., à la fin de la semaine.

6 **Françoise :** Oh ! On s'est trompé de direction !

Isabelle : Quoi ?

Françoise : La Maison de la Radio, c'est l'autre direction. Descendons...
On va être en retard !

DEVANT LE FRONT DE SEINE

7 **Isabelle :** Mais où est la Maison de la Radio ?

8 **Françoise :** Je crois que c'est par là.

9 **Françoise à une passante :** Pardon Madame, la Maison de la Radio, c'est par ici ?

La passante : Ah non, ce n'est pas ici.

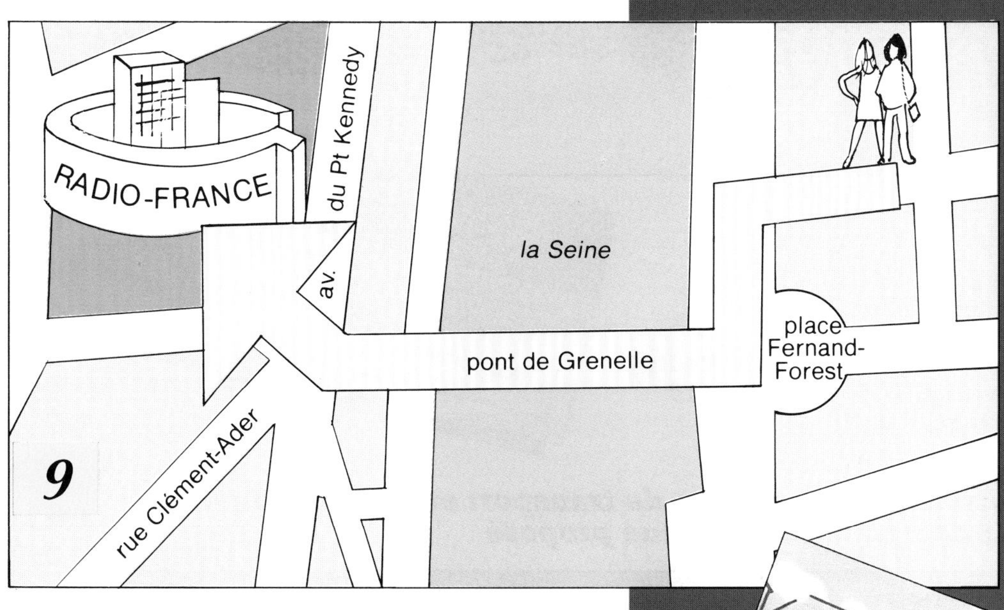

Isabelle : Mais où est-ce ?

La passante : C'est de l'autre côté de la Seine... Vous prenez par là... Tout droit... Et puis à gauche, et puis après tout droit. Vous traversez la Seine par le Pont de Grenelle. Vous trouvez la Maison de la Radio juste devant vous... Vous avez compris ?...

Isabelle : Oui, on prend tout droit, puis à gauche, encore tout droit, on traverse le pont et on y est...

La passante : C'est ça...

Françoise et Isabelle se sont encore trompées !

Isabelle : Mais non, ce n'est pas ici !

Françoise : C'est de l'autre côté de la Seine. Tout droit.

À LA MAISON DE LA RADIO

Françoise : C'est ici...

Isabelle : Allons vite retirer nos places.

Les guichets sont fermés !

Françoise : Trop tard !

Isabelle : On va demander aux garçons de revenir demain matin... en métro !

1. Y

Observez

– On va **à la Maison de la Radio ?**
– D'accord. On **y** va comment ?
– On **y** va à pied.

Choisissez votre moyen de transport et votre destination pour compléter le dialogue proposé

– Tu vas comment à ...Paris... ?
– J' y ...vais... en train........
moi, j'y vais en avion

2. Lui / leur

Observez

– À quelle heure as-tu téléphoné **à Pierre** ?
– Je **lui** ai téléphoné vers 8 heures.

– À quelle heure as-tu téléphoné **à Pierre et à Mathilde** ?
– Je **leur** ai téléphoné vers 8 heures.

– À quelle heure as-tu téléphoné **à Mathilde** ?
– Je **lui** ai téléphoné vers 8 heures.

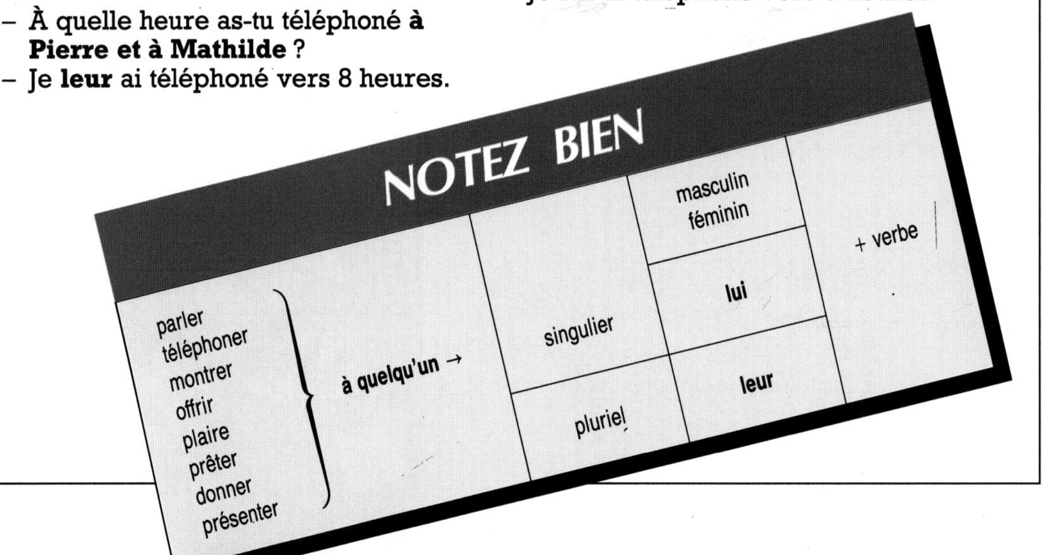

Observez

Pierre veut te parler. Tu **lui** as téléphoné ?
Pierre est là ? Je voudrais **lui** présenter Michèle.

Remplacez

Pierre → Marie, Michèle et Patrick.

Complétez avec le verbe et le pronom qui conviennent

- Est-ce que Paul est là ? Je voudrais ....
- Pierre n'a pas assez d'argent. Il faut .... 100 F.
- On va chez Gérard et Isabelle. Il faudrait .... des fleurs.
- Paul a offert une robe à Mathilde. Mais elle ne .... !

3. Le voilà !

Observez

Où est	**la station de métro ?**	**La** voilà !
	le bus ?	**Le** voilà !
Où sont	**les tickets de métro ?**	**Les** voilà !

NOTEZ BIEN

Voilà le bus la station de métro	→	singulier	le la	voilà
les tickets de métro		pluriel	les	

Observez

- Je voudrais parler au directeur.
- Ah ! Justement, **le** voilà.

- Je cherche mes lunettes, tu ne les a pas vues ?
- Mais si ! Les voilà.

Remplacez

Le directeur → l'hôtesse de l'air, la secrétaire de M. Martin, le pilote.

Lunettes → stylo, portefeuille, journal, cigarettes, montre.

4. Nos, vos, leurs

Observez

- Vous avez pris **vos** billets ?
- Bien sûr, nous avons pris **nos** billets. Nous les avons achetés ce matin.

- Ils ont pris **leurs** billets ?
- Ils ont pris **leurs** billets, bien sûr. Ils les ont achetés ce matin.

NOTEZ BIEN

	plusieurs objets			un objet	plusieurs objets
un possesseur	**mes** **tes** **ses**	plusieurs possesseurs	1re personne 2e personne 3e personne	**notre** **votre** **leur**	**nos** **vos** **leurs**

Changez la personne

1re personne — J'ai oublié mes papiers ! — Zut ! Nous avons oublié notre carnet d'adresses ! Zut ! Nous avons oublié nos papiers !

2e personne ! — Tu .... ! — Vous .... !

3e personne ! — Il .... ! — Ils .... !

5. Je me promène

Observez

- **Tu te** promènes souvent dans Paris ?
- Oui, ça m'arrive ! **Je me** promène sur les quais par exemple.
- **Vous vous** promenez souvent dans Paris ?
- Oui, **nous nous** promenons le dimanche, ou le soir.
- Où est Mathilde ?
- Elle se promène avec Josiane.

NOTEZ BIEN

Je	**me**	promène
Tu	**te**	promènes
Il/Elle	**se**	promène
Nous	**nous**	promenons
Vous	**vous**	promenez
Ils/Elles	**se**	promènent

- Où sont Josiane et Mathilde ?
- **Elles se** promènent dans le quartier.

Conjuguez de la même manière

s'appeler (Paul, Jacques, etc.), s'asseoir, se présenter, se perdre, se tromper.

Attention au passé composé : Je me **suis** promené(e)
présenté(e)
trompé(e)
perdu(e)

(comme : aller, venir...)

Complétez

Je ...... : Vincent Berthier
Vous ...... comment ? Jules Berthier.
Nous ...... de direction. Vous pouvez nous indiquer la Maison de la Radio ?
Elle ne connaît pas bien Paris : elle ...... dans le métro !

SAVOIR VIVRE

1. POUR TROUVER VOTRE CHEMIN À PARIS, VOUS AVEZ...

- des plans de quartier ↗ dans les stations de métro / ↘ derrière certains abribus
- des guides du métro et de bus
- des panneaux indiquant les quartiers et les principaux monuments
- des « situ » qui vous donnent gratuitement des indications.

Entraînez-vous

À partir des indications suivantes (fournies par des situ), demandez et donnez des renseignements.

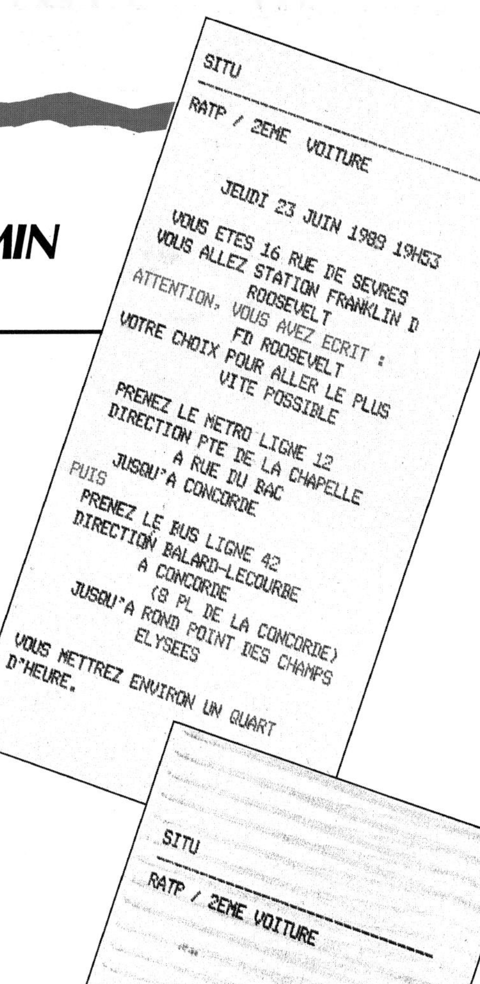

SITU

RATP / 2EME VOITURE

JEUDI 23 JUIN 1989 19H53

VOUS ETES 16 RUE DE SEVRES
VOUS ALLEZ STATION FRANKLIN D
ROOSEVELT
ATTENTION, VOUS AVEZ ECRIT :
FD ROOSEVELT
VOTRE CHOIX POUR ALLER LE PLUS
VITE POSSIBLE

PRENEZ LE METRO LIGNE 12
DIRECTION PTE DE LA CHAPELLE
A RUE DU BAC
JUSQU'A CONCORDE
PUIS
PRENEZ LE BUS LIGNE 42
DIRECTION BALARD-LECOURBE
A CONCORDE
(8 PL DE LA CONCORDE)
JUSQU'A ROND POINT DES CHAMPS
ELYSEES

VOUS METTREZ ENVIRON UN QUART
D'HEURE.

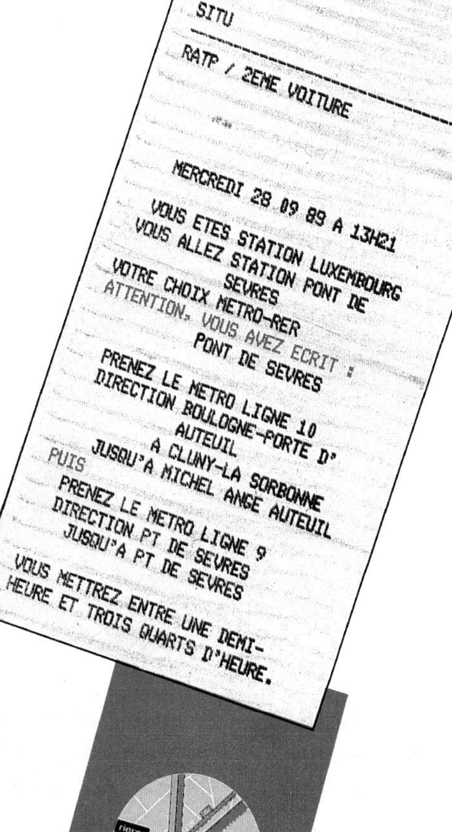

SITU

RATP / 2EME VOITURE

MERCREDI 28 09 89 A 13H21

VOUS ETES STATION LUXEMBOURG
VOUS ALLEZ STATION PONT DE
SEVRES
VOTRE CHOIX METRO-RER
ATTENTION, VOUS AVEZ ECRIT :
PONT DE SEVRES

PRENEZ LE METRO LIGNE 10
DIRECTION BOULOGNE-PORTE D'
AUTEUIL
A CLUNY-LA SORBONNE
JUSQU'A MICHEL ANGE AUTEUIL
PUIS
PRENEZ LE METRO LIGNE 9
DIRECTION PT DE SEVRES
JUSQU'A PT DE SEVRES

VOUS METTREZ ENTRE UNE DEMI-
HEURE ET TROIS QUARTS D'HEURE.

2. ITINÉRAIRES

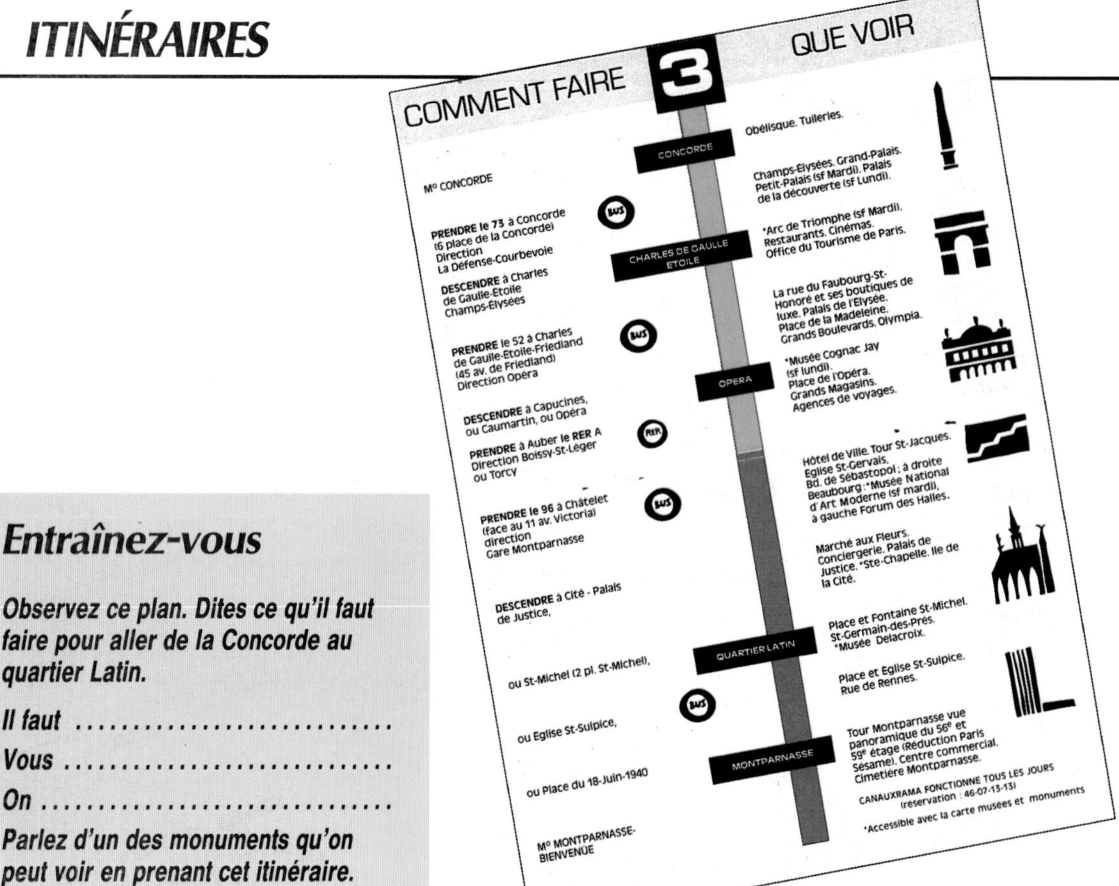

Entraînez-vous

Observez ce plan. Dites ce qu'il faut faire pour aller de la Concorde au quartier Latin.

Il faut ....

Vous ....

On ....

Parlez d'un des monuments qu'on peut voir en prenant cet itinéraire.

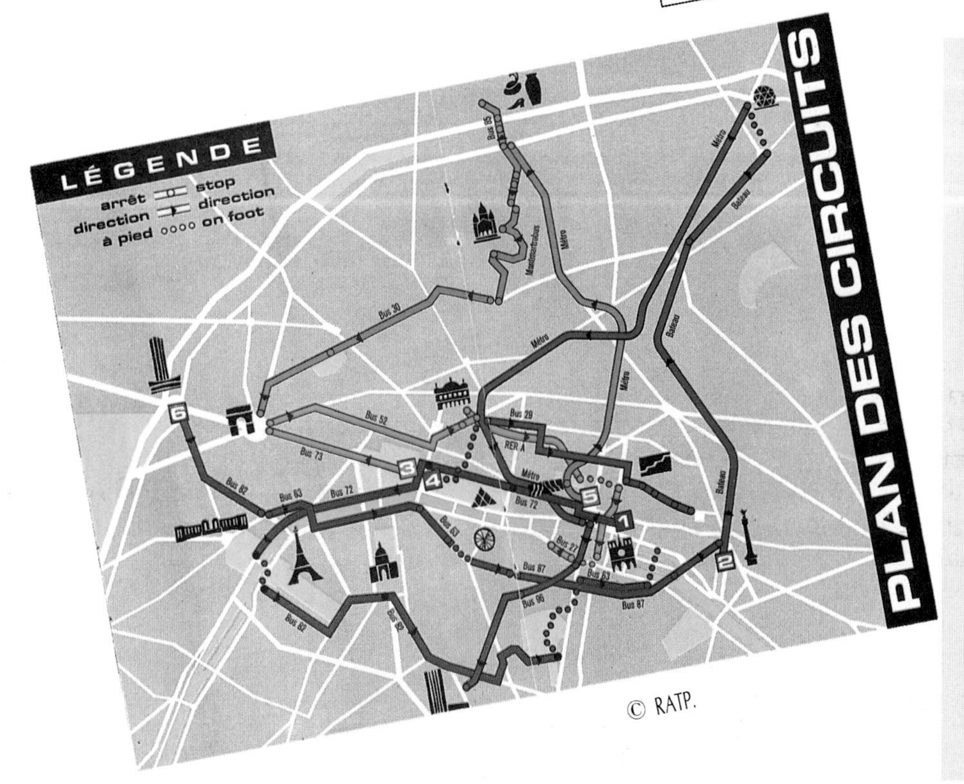

© RATP.

Conseils pratiques

Dans le bus, on utilise les mêmes tickets que dans le métro, mais on ne peut pas y acheter de carnets, car les tickets y sont vendus à l'unité. Le nombre de tickets dépend de la longueur du trajet (1 ou 2 tickets).

Sachez aussi que les bus circulent de 6 h 30 à 21 heures. Certaines lignes fonctionnent de nuit. Ce sont les « Noctambus ». Renseignez-vous !

3. LE FRONT DE SEINE

Avec ses tours hérissées vers le ciel dont les flancs de métal ou de verre jouent avec le soleil, le Front de Seine, coincé entre le fleuve et les vieux quartiers, a quelque chose d'une base spatiale. C'est un pont entre deux mondes. Deux civilisations. Deux façons de vivre.

La querelle du moderne et de l'ancien !

« Il y a quarante ans que j'habite ici, explique Monique qui vit rue des Frères-Peignot juste derrière le Front de Seine. J'avoue que je ne me suis pas encore faite à tout ce bouleversement. Tenez, dit-elle, en montrant un immeuble de bureaux, là-bas, il y avait un herboriste, plus loin un petit tailleur et aussi un boulanger. Ici, c'était le royaume du petit commerce et de l'artisanat. Tout a disparu. Maintenant il faut aller jusqu'à la rue Saint-Charles pour faire son marché. Je n'ai été qu'une seule fois au centre commercial de Beaugrenelle, poursuit Monique. Que voulez-vous, je suis sûrement trop vieille. Je suis de l'autre siècle, moi ! »

« C'est vrai que deux mondes cohabitent ici, explique la gérante d'un magasin de meubles et de bibelots installée sous les arcades du centre Beaugrenelle. En fait, nous avons trois sortes de clients. D'abord, il y a ceux du quinzième qui viennent faire, plusieurs fois par semaine, des achats ici. Il y a les habitants des tours qui sont en grande majorité des étrangers et puis, le week-end, il y a les « visiteurs ». Ceux qui viennent des autres arrondissements de la capitale, un peu comme ils vont au Forum des Halles, viennent ici pour flâner, faire des courses, boire un pot. »

Un kaléidoscope de culture

« C'est sympa et au moins on est à l'abri quand il pleut, explique Nadine, étudiante en lettres et habituée de l'endroit : le seul reproche que je ferais c'est que « restos » et boutiques sont chers. « Cher », « argent », « riches » : ces mots reviennent souvent dans la bouche de ceux qui parlent du « monde des tours ». C'est vrai que les professions libérales, les directeurs d'entreprises et les riches étrangers y sont les plus nombreux. Avec, tout de même des habitants plus modestes qui habitent les H.L.M. « design » construits en bordure de Seine. Employés ou P.-D.G., Français ou étrangers, ils forment, en tout cas, un formidable kaléidoscope de cultures.

« Mon fils sera bilingue sans avoir besoin d'un professeur d'anglais, explique Gérard qui est médecin et qui habite la tour « Panorama ».

« À 80 % les dix-huit tours du Front de Seine sont, en effet, habitées par des étrangers, explique le gérant de la dernière en date, la « Totem » : il y a des Iraniens, des Japonais, des Arabes et même des Scandinaves. »

« Chacun respecte ses coutumes, raconte Suzann, une jeune Suédoise de trente-deux ans qui habite la tour « Reflets ». Parfois on s'invite entre différentes ethnies : les Japonaises sont les plus ouvertes aux autres. »

Avant le souci esthétique, c'est l'aspect fonctionnel qui a séduit les habitants du Front de Seine. « Ici, on a tout sous la main, précise Anne-Marie, dont le mari est administrateur de biens. À deux pas il y a le supermarché, la boulangerie, la poste mais aussi les tennis, la piscine, le bowling : le seul problème quand on est nouveau, c'est d'avoir un bon sens de l'orientation pour s'y retrouver entre les blocs, les terrasses et les escaliers : un vrai labyrinthe ! L'important, c'est qu'on s'y sent en sécurité : je peux laisser sans la moindre crainte mes enfants qui ont huit et dix ans jouer seuls sur le parvis. »

Regarder l'avenir

Et puis il y a les « branchés » comme disent dans leur jargon les jeunes générations.

« Vivre ici, c'est regarder l'avenir, dit Pierre qui est illustrateur et qui habite tout en haut de la tour « Perspective ». Dans des formes, des matériaux qui sont ceux de demain. On s'y sent en collectivité et à la fois totalement seul : c'est ça la liberté ! »

Alors le Front de Seine : un « ghetto » pour quelques privilégiés ? Pas tout à fait. C'est dans l'un des bacs à sable de la dalle du quartier que François est devenu le meilleur copain de Saada : le premier est le fils d'un employé des P.T.T. ; le père du second dirige une banque internationale : le XXIe siècle appartient à tout le monde...

Entraînez-vous

Relevez les arguments « pour » et les arguments « contre » l'architecture du Front de Seine.

4. LA RADIO

La Maison de la Radio

Habillée de verre et d'aluminium, la Maison de Radio-France est un édifice caractéristique de l'architecture du milieu du XXe siècle. Les auditeurs et les visiteurs peuvent participer aux émissions en direct, suivre des concerts, visiter le Musée de la radio.

La technologie de Radio France

Les performances techniques en 1987 :

- 220 000 heures de programmes enregistrées et diffusées.
- 320 000 liaisons pour la retransmission des directs.
- 750 concerts enregistrés et diffusés dont 220 concerts de rock, jazz et variétés.
- 2 000 heures de programmes fournis à 50 radios nationales étrangères dans le cadre des échanges internationaux.
- 40 disques compacts enregistrés en numérique.

24 heures sur 24 les émetteurs de TDF diffusent les programmes des radios de Radio France.
Les services techniques, grâce aux performances humaines et technologiques, savent enregistrer et diffuser la meilleure qualité de son. Les moyens les plus sophistiqués, mis au point par les techniciens de Radio France (enregistrements numériques, diffusion par satellite...) permettent d'offrir au public le meilleur confort d'écoute.

France Inter

France Inter propose une information dense et complète, ajoutant aux compétences des journalistes de sa rédaction parisienne les relais d'information privilégiés que sont les radios décentralisées et les correspondants à l'étranger. Sur France Inter, l'actualité est analysée en profondeur, enrichie par des reportages, complétée par des débats et les interventions de nombreux invités.

Des grands rendez-vous avec...

- l'information
- les sports
- le divertissement
- les récits et l'histoire
- l'aventure
- le dialogue
- les spectacles
- le cinéma
- le théâtre
- la télévision
- la littérature
- l'humour
- la chanson française
- le jazz
- la musique classique
- la danse
- les voyages
- les jeux
- les sciences
- la vie économique...

FRANCE Culture

France Culture et France Musique abordent l'information sur le plan de la réflexion, et accordent une place prépondérante à l'actualité culturelle et aux grands problèmes de société.

Des grands rendez-vous avec...

- la philosophie
- l'actualité culturelle
- les sciences
- les dramatiques
- la littérature
- la musique
- le cinéma
- la création radiophonique
- les arts plastiques
- l'histoire
- le théâtre
- les archives radiophoniques
- la poésie
- la recherche médicale
- les grands reportages...
- le débat d'idées

Mise au point et animée par les plus grands professionnels, elle propose à toute heure, jour et nuit, une information brute, instantanée, et sans cesse remise à jour. *France Info*, c'est le règne du direct et du reportage pris sur le vif.
C'est la source indispensable à ceux qui veulent tout savoir à tout instant. *France Info* est déjà la radio de l'an 2000.

Quant aux **radios décentralisées**, elles sont les seules en France, hormis quelques très rares exceptions, à s'intéresser véritablement à l'information locale, offrant ainsi au public régional un service unique.

Comment recevoir Radio France ?

– France Inter : modulation de fréquence, ondes longues (1 852 m, 162 kHz), ondes moyennes (essentiellement dans certaines zones frontalières).
– France Info, France Culture, France Musique, Radios Locales : modulation de fréquence.
– FIP : modulation de fréquence, ondes moyennes (sur Paris et sa région).

Pour assister aux émissions publiques de :

France Culture

Renseignements par téléphone au 42 30 37 69.
Ces renseignements concernent uniquement les émissions sur *« invitation »*.

France Inter

« Sur le Pont... les artistes » de Roland DHORDAIN.
« Le Masque et la Plume » de Pierre BOUTEILLER.

Réservation par téléphone au 42 30 33 33 du lundi au vendredi de 10 h à 12 h et de 14 h à 16 h.

France Musique
France Culture Musique

– Cartes d'invitations à retirer à la caisse de Radio France 1/2 heure avant le début des concerts (concert gratuit).
– 14 jours avant le concert (concert payant).

* Pour les conditions d'entrée des concerts payants, téléphoner au : 42 30 15 16 tous les jours sauf dimanche et jours fériés, de 11 h à 18 h.

Entraînez-vous

Vous voulez écouter une émission
1) sur la littérature
2) sur le cinéma
3) sur la chanson française
4) un reportage d'actualité
Sur quelle(s) radio(s) pouvez-vous le faire ?
Sur quelles ondes ?

Vous voulez assister à un concert payant. Vous téléphonez pour demander des renseignements.

TESTS

1

Rappelez-vous

Pronoms compléments

Verbes construits sans préposition (comme voir)

	singulier	pluriel
masculin	le, l'	....
féminin	....	....

Verbes construits avec « à » (comme parler à)

	singulier	pluriel
masculin	....	....
féminin	....	....

Complétez avec le pronom qui convient

Je ne vois pas l'autobus ! Mais si, ... voilà !
Mes parents sont à Paris. Je ne vais pas ..... voir, mais je vais ..... téléphoner.
C'est l'anniversaire de Stéphanie, je ..... offre un disque.
Pierre voudrait téléphoner. Tu peux ..... prêter ta carte ?
Oui, si je ..... trouve !
Si Pierre et Isabelle ne sont pas arrivés, il faut ..... attendre pour ..... donner leurs billets.
Isabelle est en retard. Tu peux ..... conduire à la gare ?

2

Rappelez-vous

Possessifs		singulier		pluriel
		masculin	féminin	masculin/féminin
singulier	1re personne	....	....	....
	2e personne	....	....	....
	3e personne	....	....	....
pluriel	1re personne	....		....
	2e personne	....		....
	3e personne	....		....

Complétez avec le possessif qui convient

Mon Dieu ! J'ai oublié ..... lunettes.
..... carnet de chèques.
..... portefeuille.
..... sac.
..... montre.
..... clés.

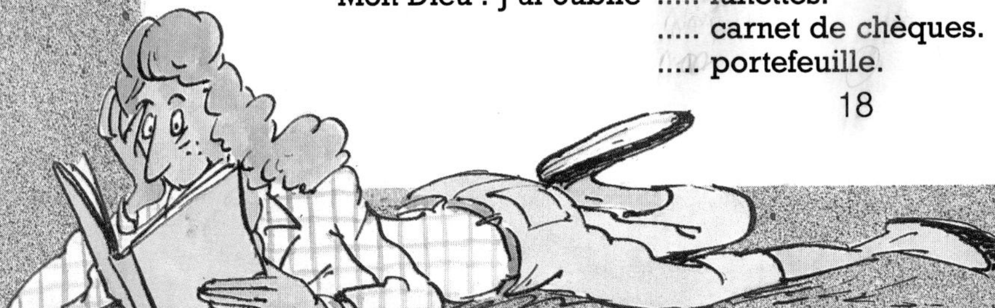

Tu as oublié ..... lunettes !
Vous avez oublié ..... lunettes !
Elle a oublié ..... lunettes !

Tu as oublié ..... portefeuille !
Vous avez oublié ..... portefeuille !
Elle a oublié ..... portefeuille !

Tu as oublié ..... montre.
Vous avez oublié ..... montre.
Elle a oublié ..... montre.

Tu as oublié ..... carnet de chèques !
Vous avez oublié ..... carnet de chèques !
Elle a oublié ..... carnet de chèques !

Tu as oublié ..... sac !
Vous avez oublié ..... sac !
Elle a oublié ..... sac !

Tu as oublié ..... clés.
Vous avez oublié ..... clés !
Elle a oublié ..... clés !

Complétez, puis transformez, en changeant les possessifs

Nous partons avec ..... amis dans ..... maison de campagne.
Je pars avec ....
Elle part ....
Ils partent ....

Nous prenons ..... voiture.
Je prends ....
Elle prend ....
Ils prennent ....

3

Retrouvez les verbes comme « aller » qui se conjugent avec « être » au passé composé (je suis allé)

4

Mettez le verbe entre parenthèses au passé composé

J(e) (téléphoner) au Directeur de l'hôtel. J(e) (se présenter) et le directeur m(e) (proposer) un rendez-vous. J(e) (aller) le voir. Tout (se passer) très bien.

Patrick (téléphoner) au Directeur de l'hôtel. Il (se présenter) et le Directeur lui (proposer) un rendez-vous. Il (aller) le voir. Tout (se passer) très bien.

Patrick et Isabelle (téléphoner) au Directeur de l'hôtel. Ils (se présenter) et le Directeur leur (proposer) un rendez-vous. Ils (aller) le voir. Tout (se passer) très bien.

5

Écoutez ces extraits de radio et dites s'il s'agit : d'une publicité, d'une émission d'information, d'une émission culturelle, d'une émission sportive, d'un reportage

	1	2	3	4	5	6	7	8
publicité								
information								
émission sportive								
émission culturelle								

DÉPART EN VACANCES

15e épisode

DANS LE BUREAU DU CHEF DU PERSONNEL

Le chef du personnel : Vous partez donc en vacances. Eh bien, je vous souhaite de bonnes vacances.

Les stagiaires : Merci Monsieur...

Le chef du personnel : Et où allez-vous ?

Françoise : Dans le midi, à Tourette-sur-Loup, chez les parents d'Isabelle.

Le chef du personnel : Et vous ?

Vincent : Aussi dans le midi, à Tourette-sur-Loup. Nous allons camper.

Le chef du personnel : Vous partez quand ?

Françoise : Nous partons demain matin Isabelle et moi, dans la voiture d'Isabelle.

Vincent : Et nous aussi. Mon père m'a prêté sa voiture.

À PARIS, DEVANT CHEZ FRANÇOISE

Vincent : Tiens, garde-moi mon portefeuille.
Passe-moi ton sac et cette valise.
Voilà. À tout à l'heure.

Françoise et Isabelle : À tout à l'heure.

SUR L'AUTOROUTE DU SUD

Vincent : On s'arrête à la prochaine aire de repos ?

Françoise : Oui.

5 ***SUR UNE AIRE DE REPOS***

Françoise : Vous allez trop vite.

Vincent : Mais non.

Isabelle : Tu nous as doublé à plus de 130 km/h.
Tu vas avoir une contravention.

Vincent : Ne t'inquiète pas...
On se retrouve à Tourette, au café.

Françoise : Oui, au café, sur la place du village.

Pierre : À tout à l'heure.

6 *Les quatre amis repartent.*
Vincent et Pierre s'arrêtent pour prendre de l'essence.

A LA STATION SERVICE

Vincent : Mon portefeuille... Françoise ne m'a pa
rendu mon portefeuille !

Pierre : J'ai un peu d'argent 100, 200, 300...

Vincent : Et moi 200... avec 500 francs, ça va êtr
difficile.

Pierre : Et si on attendait Isabelle et Françoise su
le bord de l'autoroute ?

Vincent : Tu as raison, je ne prends que
100 francs d'essence.

7 *Isabelle et Françoise passent en voiture sans voir Pierre*
Vincent...

TOUJOURS SUR L'AUTOROUTE...

8 ***Isabelle :*** Ils vont arriver avant nous.

Françoise : On a le temps. On est en vacances !

Vincent : On n'a pas assez d'argent pour
continuer sur l'autoroute. Si on prenait les petite
routes ? C'est gratuit.

SUR LES PETITES ROUTES

Pierre : Tu as vu cette église ? Si on la visitait ?

Vincent : Pas question, on n'est plus sur l'autoroute. On n'a pas le temps.

À TOURETTE-SUR-LOUP

Françoise : Ils sont en retard.

Isabelle : Ils sont peut-être en panne.

Françoise : Impossible ! Pas avec sa voiture !

Isabelle : Ils se sont peut-être arrêtés en route ?

Françoise : Non, ce n'est pas possible !

Isabelle : Ils ont peut-être eu un accident ?

Françoise : Il faut prévenir les gendarmes.

Les garçons arrivent enfin...

Françoise : Ah ! Quand même...
Ah ! Tu peux rire.

Vincent : Je suis content de te revoir.

Françoise : Tu exagères ! On a eu peur !

Vincent : Oh !

Françoise : Si, on a eu très peur.

Vincent : Mais c'est à cause de toi.

Françoise : Comment à cause de moi ?

Vincent : Et mon portefeuille ?

Françoise : Ton portefeuille ?

Vincent : Oui, mon portefeuille. Tu ne me l'as pas rendu. Il est dans ton sac.

Françoise : Oh !

SAVOIR DIRE

1. Lieux

Observez

Nous passons nos vacances **dans** le Midi
à Tourette-sur-Loup

NOTEZ BIEN

dans	le Midi, le Sud le Nord l'Ouest l'Est	de la France
	le Poitou	
en	Normandie Bourgogne	
à	Paris Lyon Marseille	

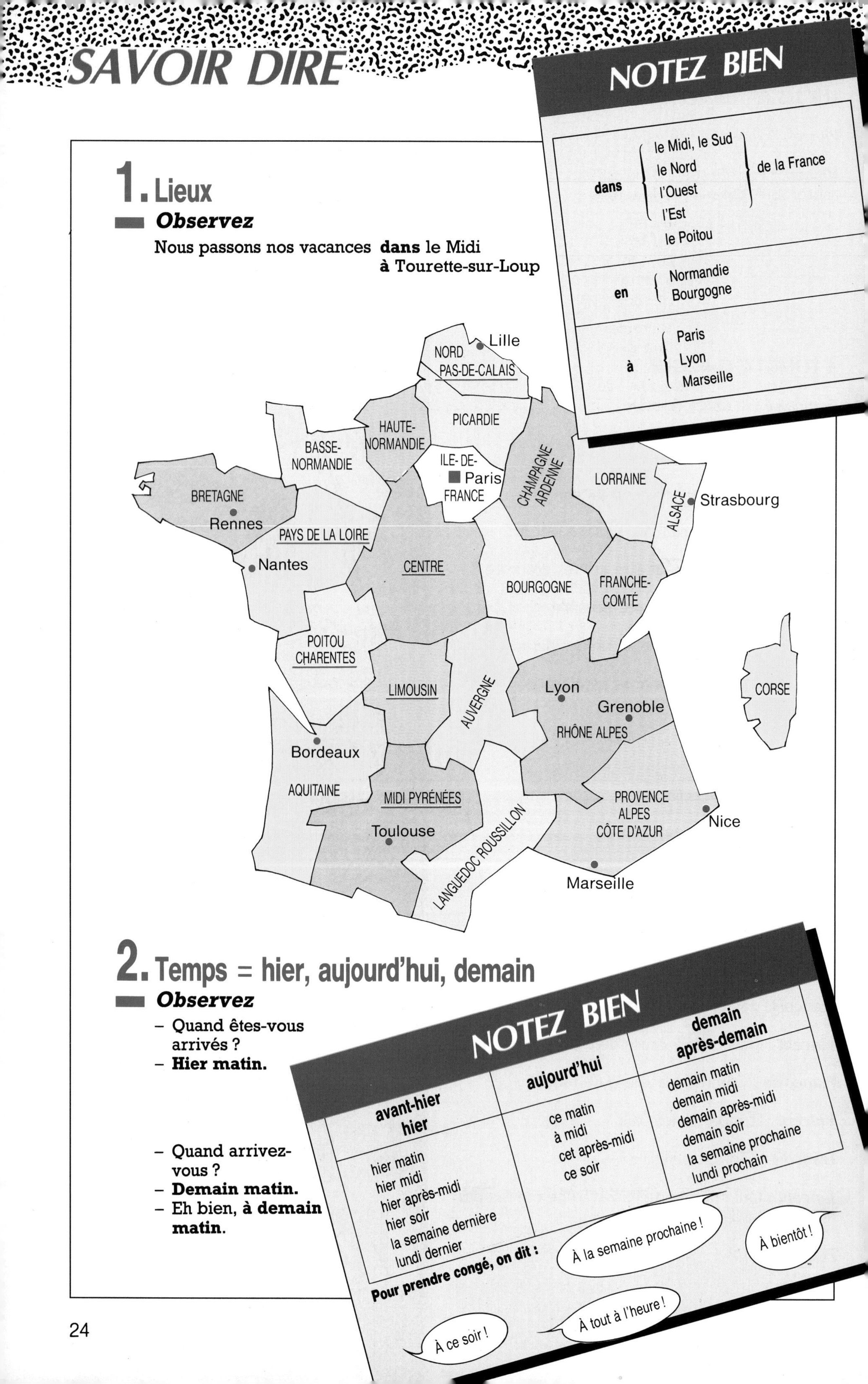

2. Temps = hier, aujourd'hui, demain

Observez

– Quand êtes-vous arrivés ?
– **Hier matin.**

– Quand arrivez-vous ?
– **Demain matin.**
– Eh bien, **à demain matin.**

NOTEZ BIEN

avant-hier **hier**	**aujourd'hui**	**demain** **après-demain**
hier matin hier midi hier après-midi hier soir la semaine dernière lundi dernier	ce matin à midi cet après-midi ce soir	demain matin demain midi demain après-midi demain soir la semaine prochaine lundi prochain

Pour prendre congé, on dit :

À la semaine prochaine !

À bientôt !

À ce soir !

À tout à l'heure !

Donnez des rendez-vous sur les modèles suivants

– On va au cinéma ce soir ?
– Ce soir ? À quelle heure ?
– À 8 heures, tu es libre ?
– 8 heures, oui, ça va.
– Alors, à ce soir, 8 heures, devant le Rex.

– On va au concert, la semaine prochaine ?
– La semaine prochaine ? Quel jour ?
– Mercredi, tu es libre ?
– Oui, mercredi soir, ça va.
– Alors, à mercredi soir, 8 heures, devant la Maison de la Radio.

3. Je ne lui ai pas donné son portefeuille

Observez

– Tu as téléphoné à Pierre ?
– Oui, je lui ai téléphoné hier matin.
– Non, je **ne** lui ai **pas** téléphoné. Mais je vais lui téléphoner demain matin.

Remplacez « matin » par « soir, après-midi, midi »

Remplacez les mots soulignés par un pronom

J'ai donné les billets (1) à Isabelle (2).

Exemples : **1)** Je les ai donnés à Isabelle.
2) Je lui ai donné les billets.

Mettez les phrases à la forme négative

Exemples : **1)** Je ne les ai pas donnés à Isabelle.
2) Je ne lui ai pas donné les billets.

Il a montré ses dessins (1) à ses parents (2).

1) Il ....
2) Il ....

Nous avons prêté notre voiture (1) à Philippe (2).

1) Nous ....
2) Nous ....

Je n'ai pas présenté Isabelle (1) à mes parents (2).

1) Je ....
2) Je ....

4. Garde-moi mon portefeuille

Observez

– Tu **me** donnes mon portefeuille ?
Donne-**moi** mon portefeuille.

– Tu **lui** donnes son portefeuille ?
Donne-**lui** son portefeuille.

NOTEZ BIEN

	Présent de l'indicatif	**Impératif**
Donner quelque chose à quelqu'un	Il { **me** / **lui** / **nous** / **leur** } donne	Donne → { **moi** / **lui** / **nous** / **leur** }

Transformez de la même manière les phrases suivantes

– Tu me prends un billet ? Prends ....
– Tu lui réponds ? ....
– Vous lui téléphonez ? ....
– Vous leur parlez de notre promenade ? ....
– Vous me montrez vos photos de vacances ? ....

5. Si on + imparfait (attendait, venait)

Observez

– **Si on** attend**ait**...
– **Si on** pren**ait** les petites routes.

NOTEZ BIEN

Pour **proposer** on peut employer **si + imparfait**

L'imparfait se forme sur le radical de la 1re personne du pluriel du présent + **ais, ais, ait.**

choisir → nous choisissons → je choisiss**ais**, tu choisiss**ais**, il/elle/on choisiss**ait**

attendre → nous attendons → j'attend**ais**, tu attend**ais**, il/elle/on attend**ait**

Essayez de trouver l'imparfait des verbes suivants

faire, acheter, parler, regarder, prendre, partir, aller, voir.

Proposez les activités suivantes, en employant si + imparfait

– On pourrait aller aux Puces ? ....
– J'ai envie de déjeuner. Pas toi ? ....
– On téléphone à Sophie ? ....
– On prend un verre ? ....
– On va au match ? ....
– On se promène sur les quais ? ....
– Tu viens au concert avec nous ? ....

1. LES FRANÇAIS EN VACANCES

Qui part ?

TAUX DE DÉPART EN ÉTÉ SELON LA CATÉGORIE SOCIO-PROFESSIONNELLE EN 1987

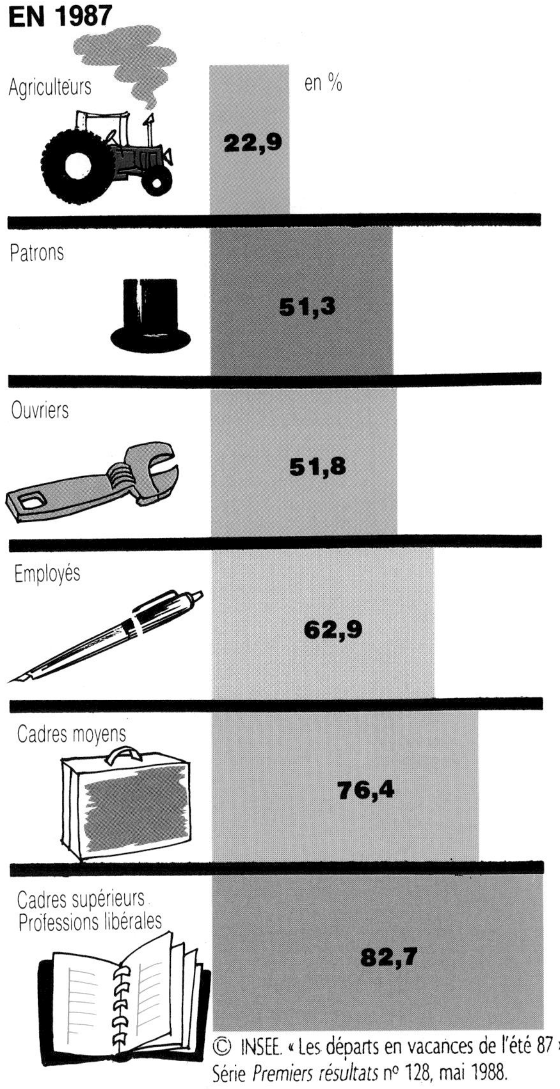

© INSEE. « Les départs en vacances de l'été 87 » Série *Premiers résultats* n° 128, mai 1988.

Commentez ces statistiques :

Les .... sont { plus / moins } nombreux à partir que ....

Les .... partent { plus / moins } souvent que ....

Ce sont les .... qui partent { le plus / le moins }

Quand ?

Quand les Français partent-ils ?

août	40,4 %
juillet	37 %
juin	8,9 %
septembre	7,4 %

Faites des phrases à partir de ces statistiques

40,3 % des Français partent
en ....
au mois d'.......... .

Comment ?

voiture particulière ......76,8 %
train ....10,4 %
avion.................. 7,2 %

Commentez ces chiffres

CARTE 1

Nombre de séjours selon le pays étranger de destination en été (1er mai / 30 septembre)

Scandinavie + Finlande + Islande 97 000
Grande-Bretagne -Irlande 365 000
Pays-Bas 93 000
URSS et autres pays socialistes européens 109 000
Allemagne fédérale 263 000
Belgique 167 000
Autriche 173 000
Suisse 111 000
Espagne 1 595 000
Andorre 27 000
Yougoslavie 143 000
Italie 978 000
Turquie 152 000
Portugal 1 019 000
Tunisie 257 000
Grèce 347 000
Israël 32 000
Maroc 312 000
Algérie 275 000
Égypte 54 078
Sénégal 54 330

SOURCE INSEE

1. LES FRANÇAIS EN VACANCES (suite)

Nombre de séjours selon les régions françaises d'accueil en été (1er mai / 30 septembre)

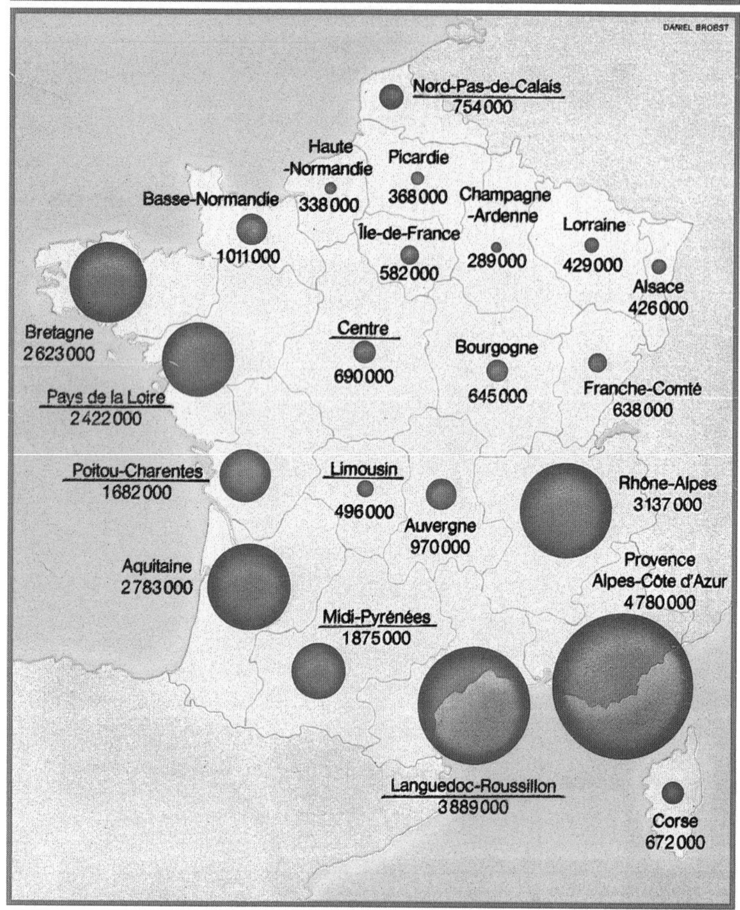

SOURCE INSEE

◀ CARTE 2

Où ?

Commentez les cartes proposées

Trouvez (P. 27 et P. 28)

- trois régions et trois pays très fréquentés
- trois régions et trois pays peu fréquentés.

Attention :

Carte 1

Belgique → **En** Belgique

Maroc → **Au** Maroc

Carte 2

Basse-Normandie → **En** Basse-Normandie

Poitou → **Dans** le Poitou

2. L'AUTOROUTE

Renseignements pratiques :

Il y a deux types de péages :

- **Le péage automatique**

Vous jetez votre monnaie.
(Il faut la préparer à l'avance)

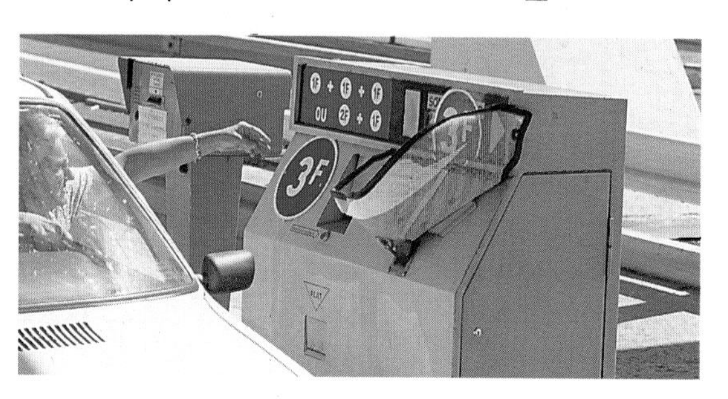

- **Le péage au guichet**

Vous prenez bien votre ticket à l'entrée de l'autoroute.
Vous payez à la sortie la somme indiquée sur le panneau lumineux.
À certains péages, on peut payer avec une carte de crédit.

Entraînez-vous

Calculez votre tarif

Mulhouse → Lyon
Paris → Metz
Lyon → Chambéry
Mâcon → Genève

Combien y a-t-il à chaque fois :
– de péages au guichet ?
– de péages automatiques ?

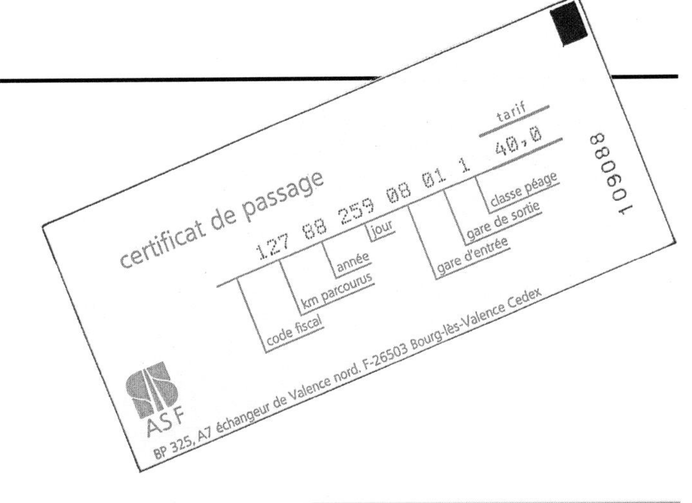

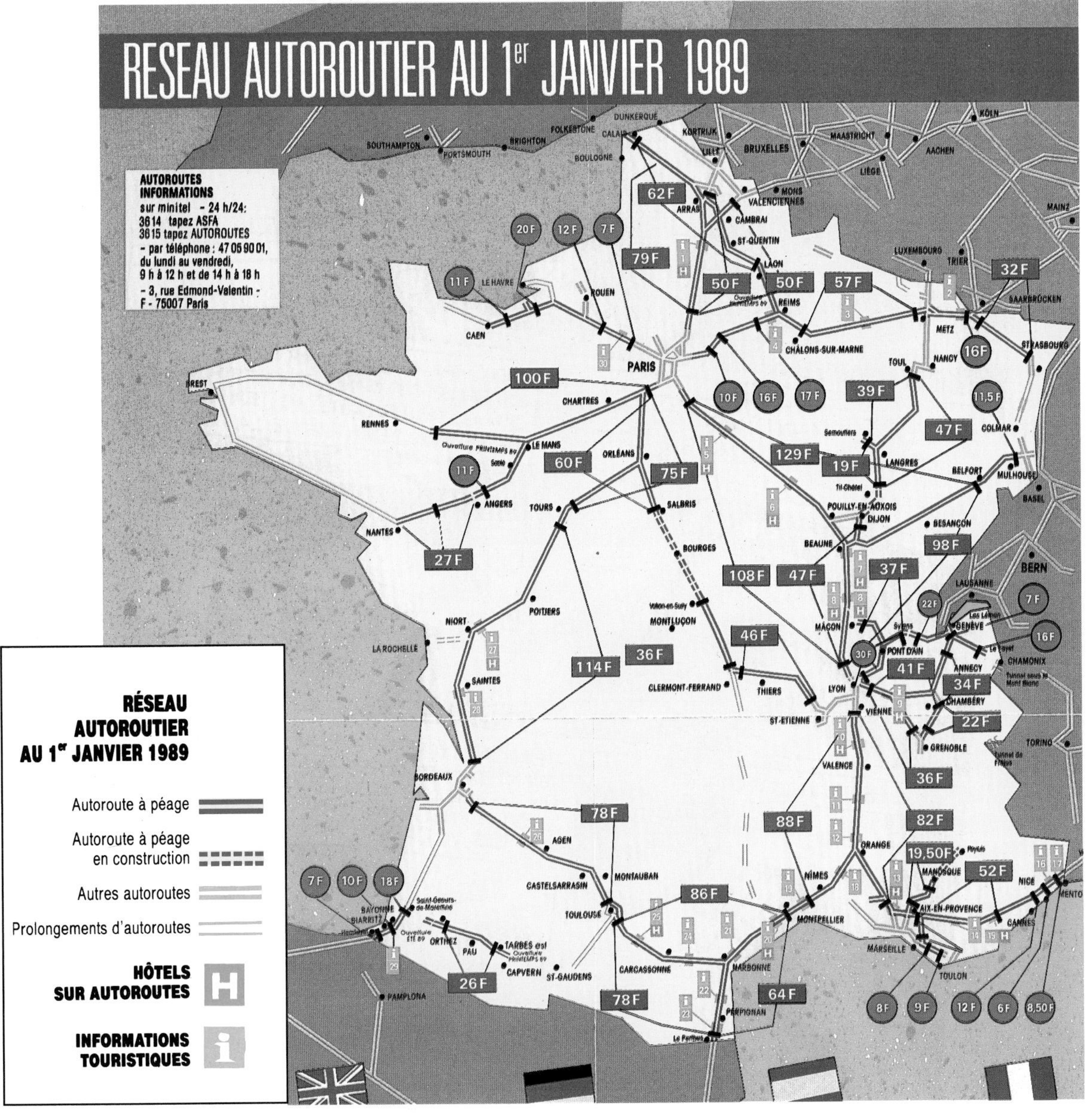

3. CONSTAT D'ACCIDENT

En cas d'accident, il vaut mieux avoir dans ses papiers un constat amiable.
Voici un exemple d'accident.

Entraînez-vous

Essayez de remplir le constat.

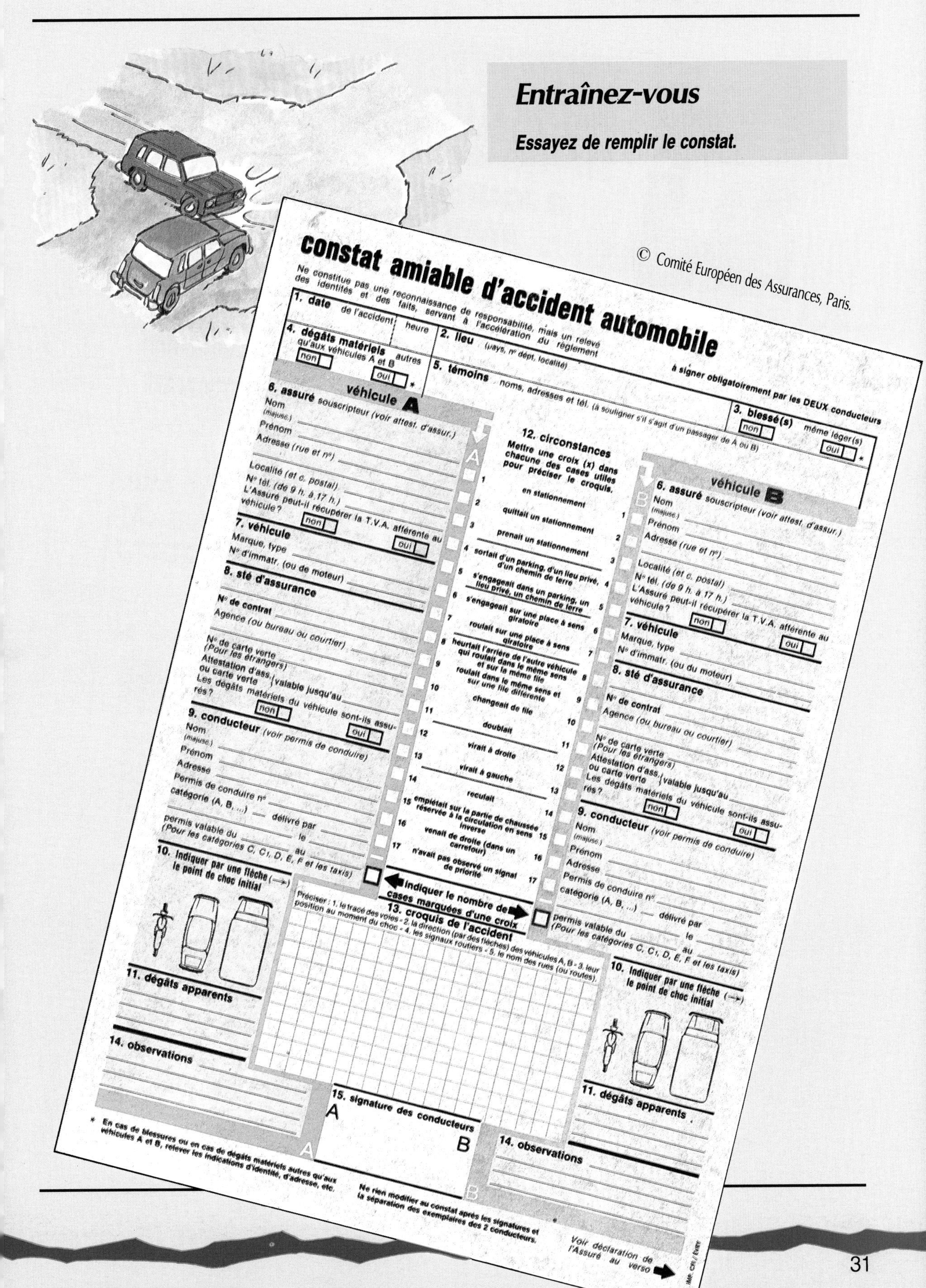

constat amiable d'accident automobile

Ne constitue pas une reconnaissance de responsabilité, mais un relevé des identités et des faits, servant à l'accélération du règlement

à signer obligatoirement par les DEUX conducteurs

1. date de l'accident | heure
2. lieu (pays, n° dépt, localité)
3. blessé(s) même léger(s) non | oui *
4. dégâts matériels autres qu'aux véhicules A et B non | oui *
5. témoins noms, adresses et tél. (à souligner s'il s'agit d'un passager de A ou B)

véhicule A

6. assuré souscripteur (voir attest. d'assur.)
Nom (majusc.)
Prénom
Adresse (rue et n°)
Localité (et c. postal)
N° tél. (de 9 h. à 17 h.)
L'Assuré peut-il récupérer la T.V.A. afférente au véhicule? non | oui

7. véhicule
Marque, type
N° d'immatr. (ou du moteur)

8. sté d'assurance
N° de contrat
Agence (ou bureau ou courtier)
N° de carte verte (Pour les étrangers)
Attestation d'ass. ou carte verte {valable jusqu'au
Les dégâts matériels du véhicule sont-ils assurés? non | oui

9. conducteur (voir permis de conduire)
Nom (majusc.)
Prénom
Adresse
Permis de conduire n°
catégorie (A, B, ...) — délivré par
permis valable du — le — au
(Pour les catégories C, C1, D, E, F et les taxis)

10. Indiquer par une flèche (→) le point de choc initial

11. dégâts apparents

14. observations

12. circonstances

Mettre une croix (x) dans chacune des cases utiles pour préciser le croquis.

A			B
☐	1	en stationnement	1 ☐
☐	2	quittait un stationnement	2 ☐
☐	3	prenait un stationnement	3 ☐
☐	4	sortait d'un parking, d'un lieu privé, d'un chemin de terre	4 ☐
☐	5	s'engageait dans un parking, un lieu privé, un chemin de terre	5 ☐
☐	6	s'engageait sur une place à sens giratoire	6 ☐
☐	7	roulait sur une place à sens giratoire	7 ☐
☐	8	heurtait l'arrière de l'autre véhicule qui roulait dans le même sens et sur la même file	8 ☐
☐	9	roulait dans le même sens et sur une file différente	9 ☐
☐	10	changeait de file	10 ☐
☐	11	doublait	11 ☐
☐	12	virait à droite	12 ☐
☐	13	virait à gauche	13 ☐
☐	14	reculait	14 ☐
☐	15	empiétait sur la partie de chaussée réservée à la circulation en sens inverse	15 ☐
☐	16	venait de droite (dans un carrefour)	16 ☐
☐	17	n'avait pas observé un signal de priorité	17 ☐

indiquer le nombre de cases marquées d'une croix

13. croquis de l'accident

Préciser : 1. le tracé des voies - 2. la direction (par des flèches) des véhicules A, B - 3. leur position au moment du choc - 4. les signaux routiers - 5. le nom des rues (ou routes).

véhicule B

6. assuré souscripteur (voir attest. d'assur.)
Nom (majusc.)
Prénom
Adresse (rue et n°)
Localité (et c. postal)
N° tél. (de 9 h. à 17 h.)
L'Assuré peut-il récupérer la T.V.A. afférente au véhicule? non | oui

7. véhicule
Marque, type
N° d'immatr. (ou du moteur)

8. sté d'assurance
N° de contrat
Agence (ou bureau ou courtier)
N° de carte verte (Pour les étrangers)
Attestation d'ass. ou carte verte {valable jusqu'au
Les dégâts matériels du véhicule sont-ils assurés? non | oui

9. conducteur (voir permis de conduire)
Nom (majusc.)
Prénom
Adresse
Permis de conduire n°
catégorie (A, B, ...) — délivré par
permis valable du — le — au
(Pour les catégories C, C1, D, E, F et les taxis)

10. Indiquer par une flèche (→) le point de choc initial

11. dégâts apparents

14. observations

15. signature des conducteurs
A | B

* En cas de blessures ou en cas de dégâts matériels autres qu'aux véhicules A et B, relever les indications d'identité, d'adresse, etc.

Ne rien modifier au constat après les signatures et la séparation des exemplaires des 2 conducteurs.

Voir déclaration de l'Assuré au verso ➡

4. BISON FUTÉ

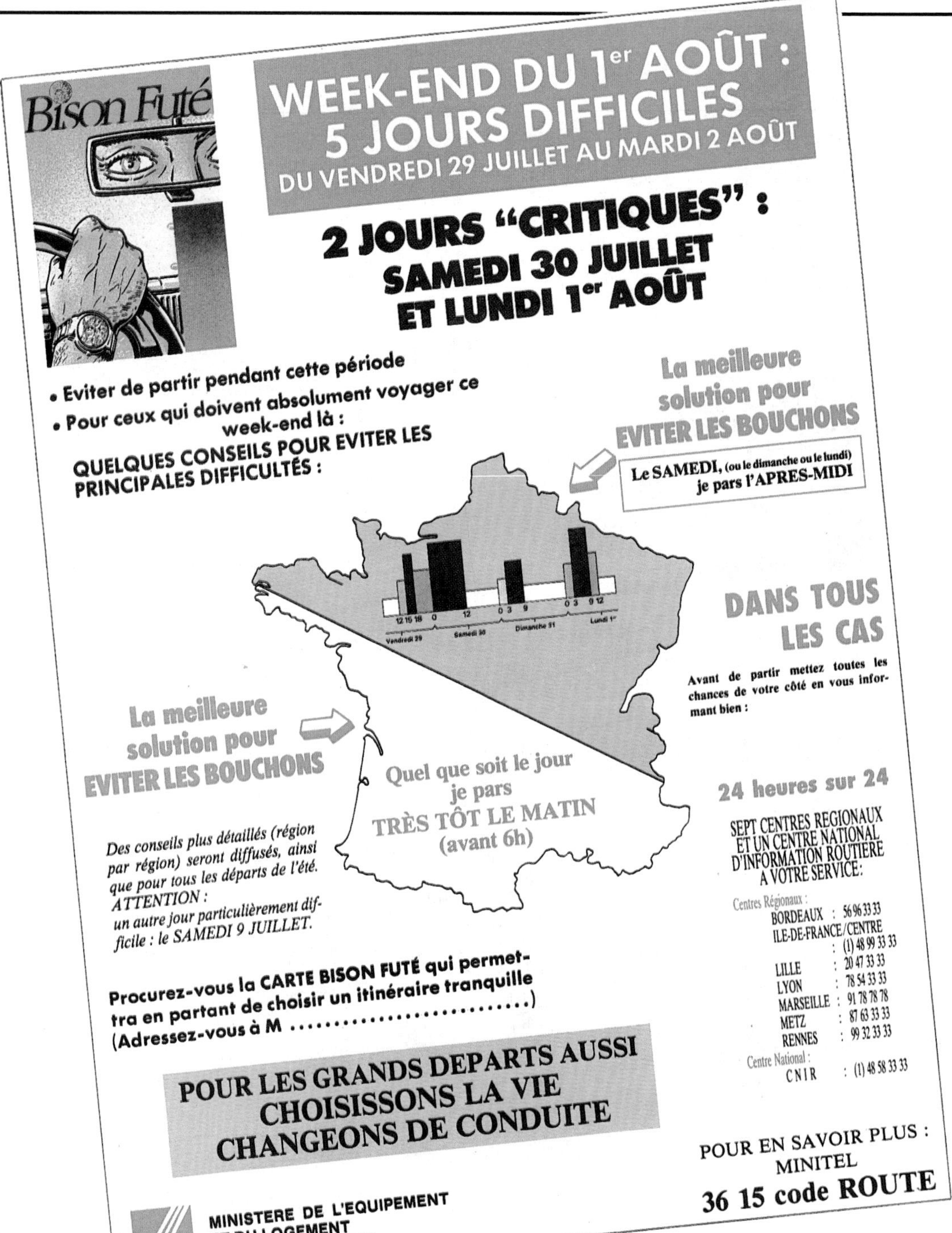

Entraînez-vous

À quelle heure faut-il éviter de partir ?
Quand est-il préférable de partir ?

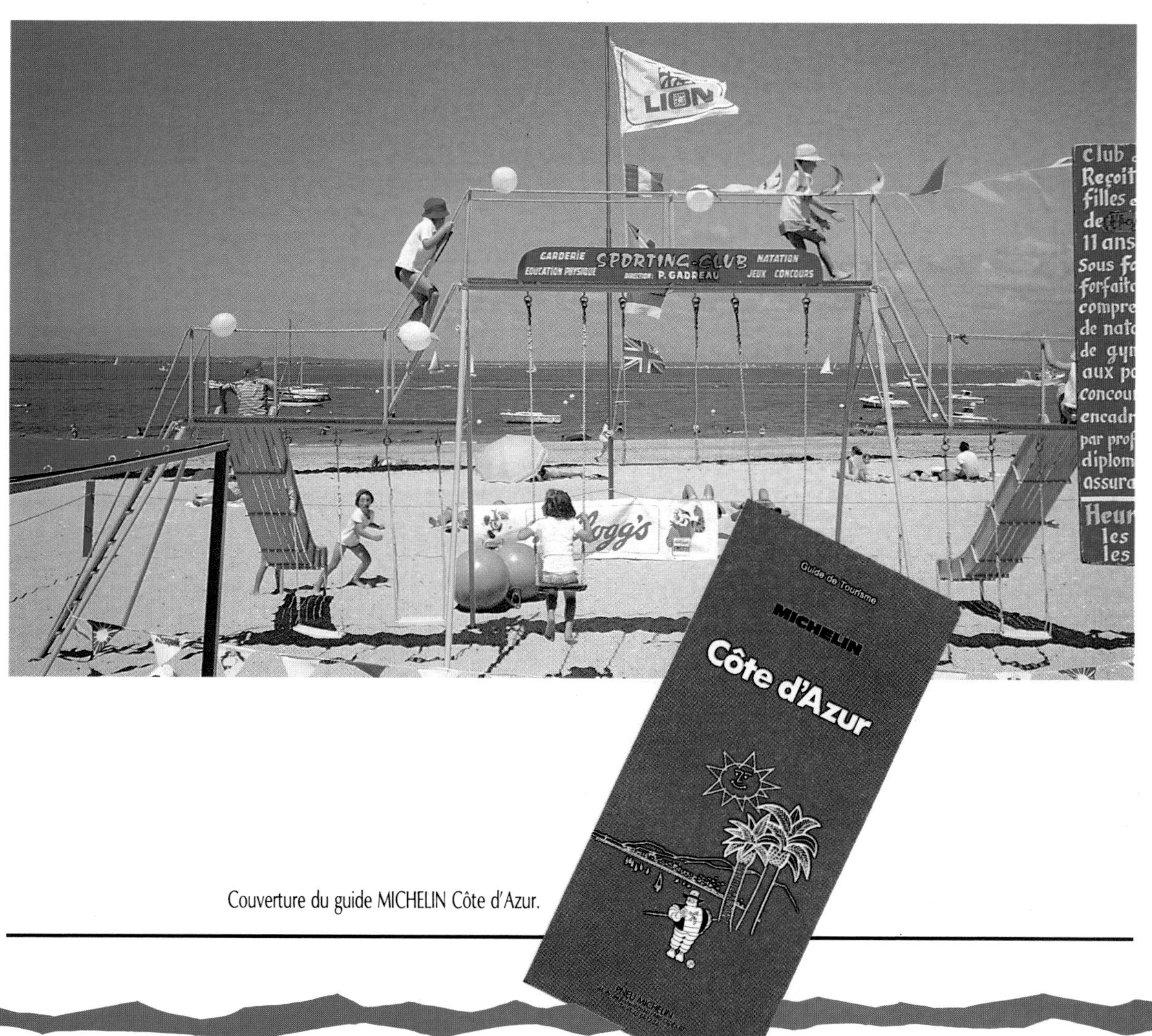

Couverture du guide MICHELIN Côte d'Azur.

TESTS

1 ***Retrouvez des noms de régions ou de pays qui sont utilisés avec « dans, en, au »***

le midi	en Auvergne	au Maroc
....	....	....
....	....	....

2 ***À partir des indications portées sur ce carnet, trouvez les réponses en utilisant « matin, hier, soir ». Nous sommes le 17 juin***

– Quand es-tu allé .... ?
– ....
– Tu as visité Notre-Dame ?
– Oui, ...
– Tu es allé au cinéma cette semaine ?
– Non, mais ....
– Tu joues au tennis avec Paul ?
– Oui, ...

JUIN
L 8
M 9
M 10
J 11
V 12
S 13
D 14 Louvre
L 15
M 16
M 17
J 18 Cinéma
V 19
S 20
D 21 Tennis

3 ***Répondez à la forme affirmative et négative***

On a doublé Vincent ?
Oui, on ....
Non, on ....

Tu as gardé mon portefeuille ?
Oui, oui, je ....
Non, non, je ....

Tu as prévenu les grands-parents d'Isabelle ?
Oui, je ....
Non, je ....

4 ***Remplacez les mots soulignés par un pronom. Mettez les phrases à la forme négative***

Nous avons prêté notre maison (1) aux parents d'Isabelle (2).
1. ....
2. ....

Ils ont montré leurs papiers (1) au gendarme (2) !
1. ....
2. ....

J'ai rendu la voiture (1) à ma mère (2).
1. ....
2. ....

5 Rappelez-vous

Pronoms	Présent	Impératif
3e personne 1re personne	Il ..... donne sa carte. Il ..... donne sa carte.	....

Mettez les phrases suivantes à l'impératif

Tu me prêtes ton stylo ? ....
Tu lui rends son portefeuille ? ....
Vous nous parlez de vos vacances ? ....
Tu me réponds ? ....
Tu leur téléphones ? ....
Vous me montrez vos papiers ? ....

6 Faites des propositions en utilisant si + imparfait

On part en voiture ? ....
On va à la maison de la radio ? ....
On regarde les annonces dans le journal ? ....
On attend la fin du match ? ....

7 Écoutez ces conseils de départ et dites

- À quelle heure il est préférable de partir.
- À quelles heures il faut éviter de le faire.
- Quelles régions sont particulièrement touchées par les « bouchons ».

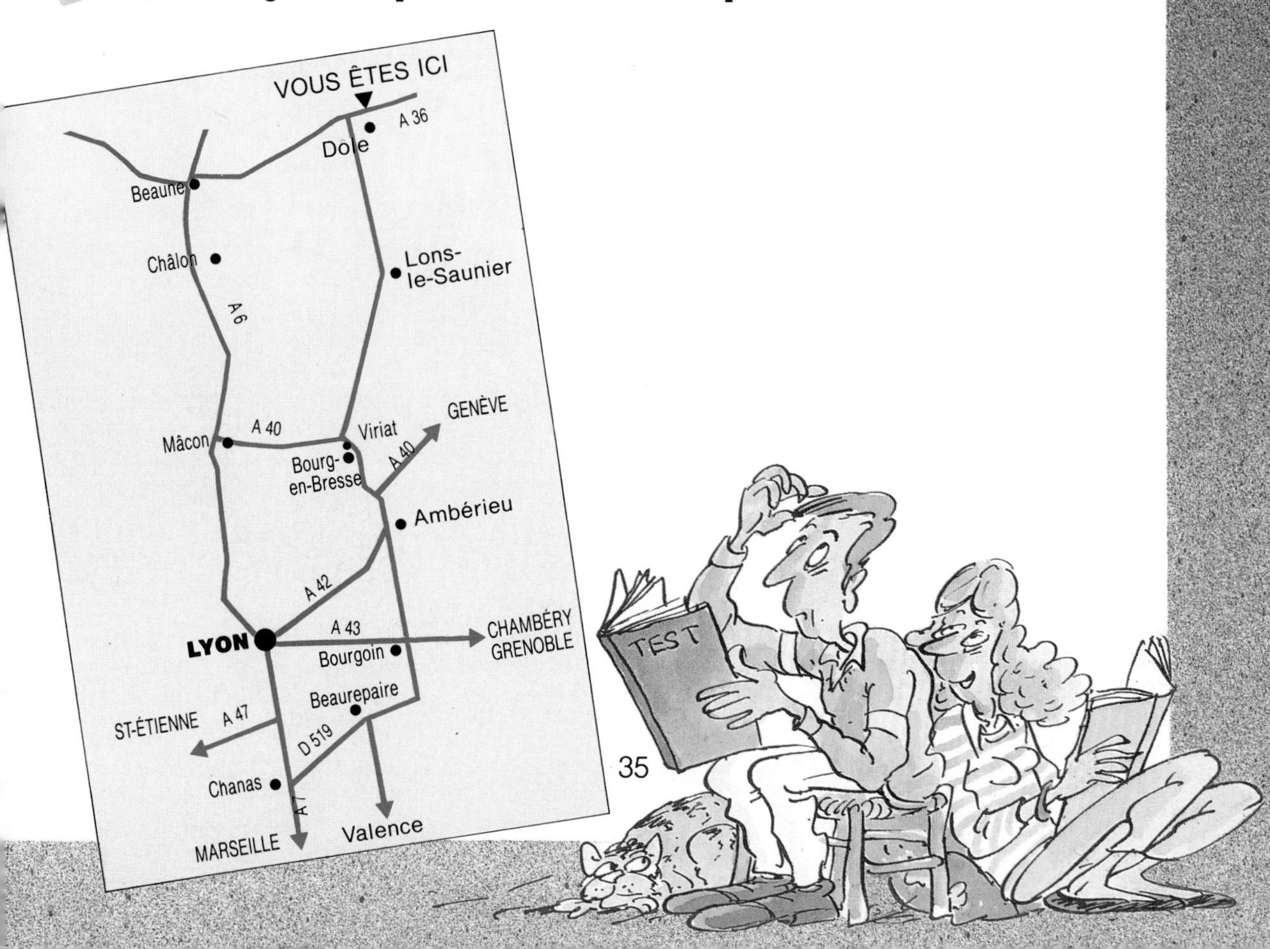

SOUS LA TENTE

16e épisode

À TOURETTE-SUR-LOUP, CHEZ LA GRAND-MÈRE D'ISABELLE

1

Isabelle à sa grand-mère : Je te présente Pierre et Vincent.

La grand-mère d'Isabelle : Et bien ! Que vous est-il arrivé ?

Isabelle : On était inquiètes !

Vincent : Nous sommes passés par les petites routes. Françoise avait mon argent.

Françoise : Vous exagérez un peu, on a eu peur.

Vincent : Ce n'est pas notre faute !

Isabelle : Il fallait téléphoner.

Françoise : Oui, il fallait téléphoner.

Vincent : On n'a pas pensé à le faire.

Françoise : Et bien ! Il fallait réfléchir.

La grand-mère d'Isabelle : Bon ! Ce n'est pas grave. Venez manger.

DÎNER AU BORD DE LA PISCINE

2

Isabelle : Encore quelques tomates ?

Vincent : Non merci.

Pierre : Oui, s'il te plaît.

Françoise : Merci...

Françoise à Vincent : La viande, tu l'aimes comment ?

Vincent : Saignante...

Françoise : Pierre, Isabelle, comment aimez-vous la viande ?

Isabelle : À point.

Pierre : Bien cuite.

Françoise à Vincent : Passe-moi ton assiette. ... Un steack saignant. Un peu de sel, un peu de poivre ?

Vincent : Volontiers.

Françoise : Passe-moi mon assiette et l'assiette d'Isabelle. Et deux steacks à point. Attends ! Du sel, du poivre.
Et un steack bien cuit...

Vincent : Après dîner, vous nous accompagnez au camping ?

Françoise : Naturellement, nous vous accompagnons...

SUR LE TERRAIN DE CAMPING

3 **Pierre :** Ici c'est bien.

Françoise : C'est super ! C'est formidable !

Isabelle : C'est très bien, c'est chouette.

Vincent : Il y a trop de monde. Je vais chercher un endroit plus calme. Viens avec moi.

Pierre : Non, je reste ici, je suis fatigué. Aide-moi.

Les filles : Allons, aide-le !

4 *Pierre s'installe...*

5 **Vincent :** Déplie la tente... assemble tes piquets, enfonce tes piquets et attache-les à la tente.

Pierre : Tu ne m'aides pas...

Les filles : Tu ne l'aides pas !

Vincent : Mais si je l'aide !
Prends les gros piquets.
Passe les gros piquets dans les trous...

Françoise : Oui, passe-les dans les trous.

Vincent : Non, ne les passe pas comme ça.
Maintenant, passe les cordes dans les trous.

Non, ne les passe pas comme ça !
Enfonce les piquets.

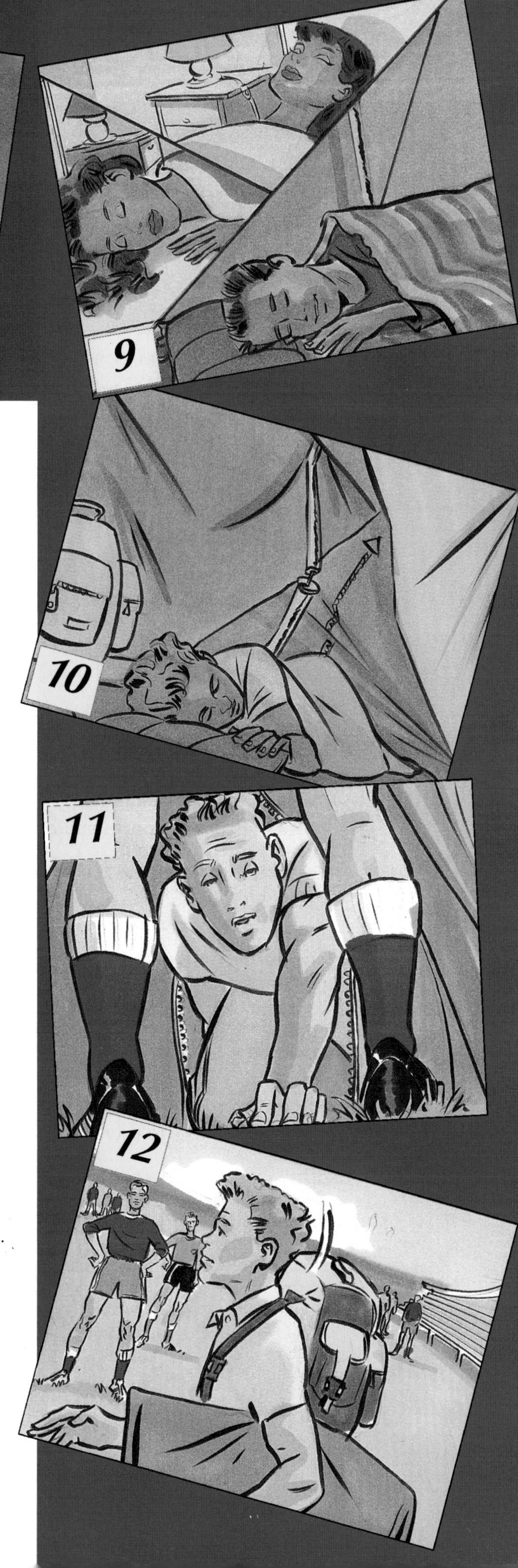

Françoise : Oui, enfonce-les.

Vincent : Non, ne les enfonce pas si fort...

6 **Isabelle :** Bon, il est tard, nous on rentre...

Françoise : Bonsoir, à demain.

Pierre : Bonne nuit, à demain.

Vincent : Bonsoir, à demain.

Isabelle : Bonne nuit, à demain.

Vincent va s'installer lui aussi.

7 **Vincent :** Je déplie ma tente, je prends les gros piquets.
Non d'abord les petits piquets... les cordes dans les trous... après j'enfonce les petits piquets...

8 **Vincent :** Non, ça ne va pas.

9 *Tout le monde dort...*

10

LE MATIN

Vincent s'est installé sur un terrain de sport !

11 **On entend des cris :** S'il vous plaît, s'il vous plaît...

Un joueur : Il ne faut pas rester ici.
C'est un terrain de sport.

Vincent : Excusez-moi, je m'en vais.

12 *Vincent va dormir ailleurs !*

1. Petit lexique des sentiments et impressions

Il / Elle } est { inquiet (inquiète) — en colère — énervé(e) — triste

Il / Elle } a peur

Que lui dites-vous ?

A)	Tu exagères !	Vous exagérez !
B)	Calme-toi !	Calmez-vous !
C)	Ne t'énerve pas comme ça !	Ne vous énervez pas comme ça !
D)	Ce n'est pas grave !	Ça va s'arranger !
E)	N'aie pas peur !	N'ayez pas peur !

2. Imparfait (suite)

Observez

- Tu **étais** inquiète ?
- Bien sûr que j'**étais** inquiète !
- Vous **étiez** inquiets ?
- Bien sûr, nous **étions** inquiets.
- Tu n'**avais** pas ton portefeuille quand tu as pris la voiture ?
- Si, j'**avais** mon portefeuille.
- Vous n'**aviez** pas vos papiers ?
- Si, nous **avions** nos papiers.

Marques de l'imparfait :

radical de la 1re personne du pluriel du présent + **-ais** **-ais** **-ait** + **-ions** **-iez** **-aient**

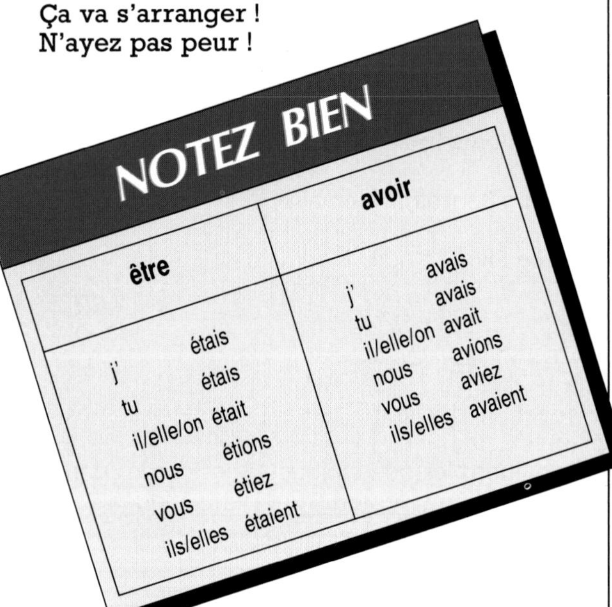

NOTEZ BIEN

être		avoir	
j'	étais	j'	avais
tu	étais	tu	avais
il/elle/on	était	il/elle/on	avait
nous	étions	nous	avions
vous	étiez	vous	aviez
ils/elles	étaient	ils/elles	avaient

Continuez

travailler	→	je travaillais
choisir	→	je choisissais
partir	→	je partais
prendre	→	je prenais
tenir	→	je tenais
aller	→	j'allais
faire	→	je faisais

Observez

Vincent attendait Françoise quand elle est arrivée, mais il ne l'a pas vue.
Quand il est arrivé à l'hôtel, elle était là.

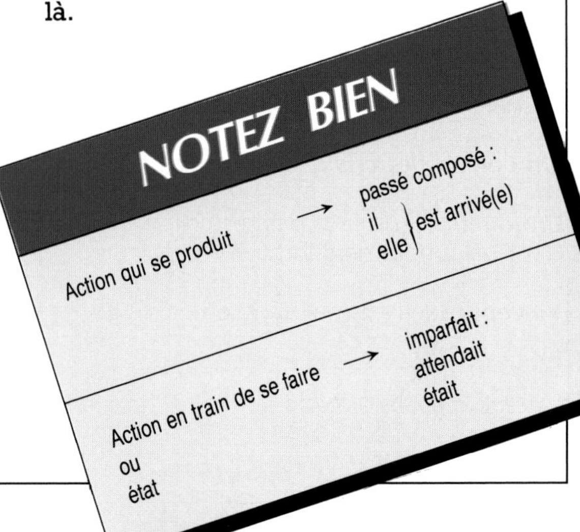

NOTEZ BIEN

Action qui se produit	→	passé composé : il / elle } est arrivé(e)
Action en train de se faire ou état	→	imparfait : attendait était

Observez

– Où étiez-vous quand cet accident s'est produit ?
– Nous prenions nos vacances. Nous étions en Italie.

Remplacez

Italie ⟶ Maroc, Suisse, Auvergne, Poitou.
Vous ⟶ vos parents.

Mettez les récits suivants au passé (passé composé ou imparfait suivant les cas)

Épisode 6 : Quand Vincent rentre dans la cabine, M. Berthier y est. Quand il sort de l'ascenseur, M. Berthier sort du deuxième ascenseur.

Épisode 8 : Quand les parents de Vincent arrivent, le dîner n'est pas prêt.

Épisode 12 : Quand les enfants se couchent, Françoise regarde la télévision.

Épisode 15 : Quand Isabelle et Françoise partent en voiture, elles ont le portefeuille de Vincent.

3. Reprocher... à l'imparfait

Observez

Tu t'es trompée ! Tu as pris la direction porte d'Orléans. Il fallait prendre la direction porte de Clignancourt !

Observez les cartes suivantes

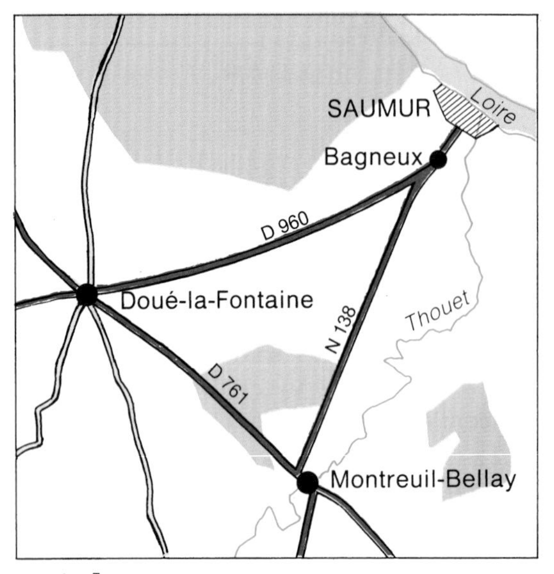

carte 1

Il est parti de Saumur. Il veut aller à Doué. Il se retrouve à Montreuil.

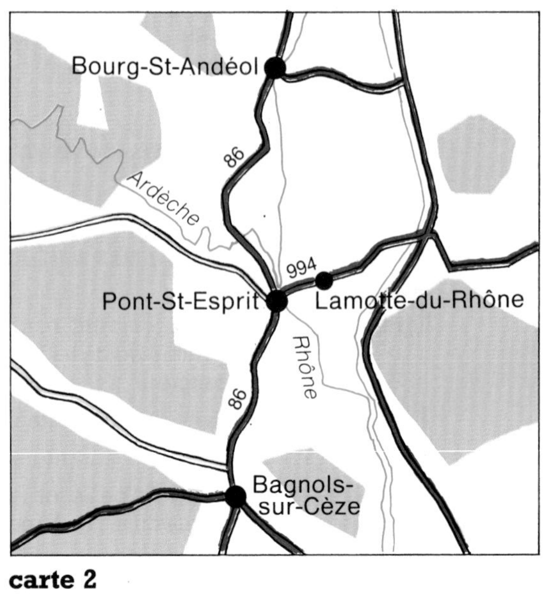

carte 2

Il est parti de Bourg-Saint-Andéol.
Il veut aller à Lamotte.
Il se retrouve à Bagnols.

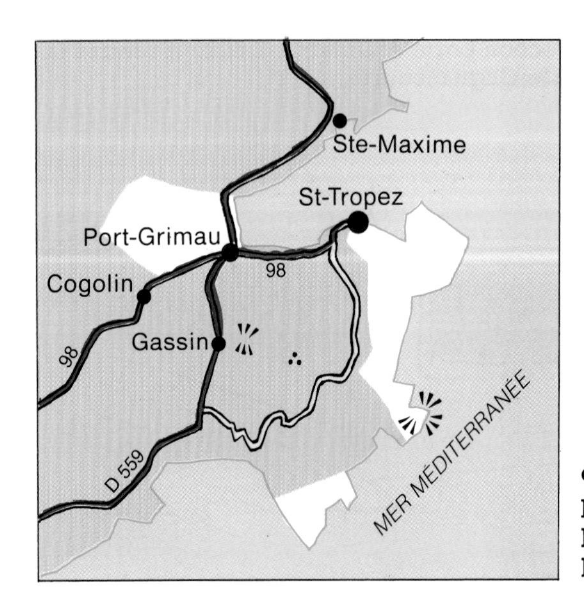

carte 3

Il est parti de Saint-Tropez.
Il veut aller à Gassin.
Il se retrouve à Cogolin.

Que peut-on lui dire ?

– Pour aller à ...... s'il vous plaît ?
– Ah, vous vous êtes trompé. ......

4. Impératif

Observez

Tu prends ce piquet ! Tu le prends !
Prends-le ! **Ne** le prends **pas** comme ça !

Tu téléphones ce soir à Pierre !
Tu lui téléphones ce soir !
Téléphone-lui ce soir !
Ne lui téléphone **pas** ce soir !

Tu me téléphones ce soir !
Téléphone-moi ce soir !
Ne me téléphone **pas** ce soir !

Ordonnez et défendez (en remplaçant le mot souligné par un pronom)

– Il faut manger ce fromage avec du pain.
  Mangez-le ! Ne le . . . . !
– Il faut boire ce médicament avec de l'eau.
  . . . .
– Il faut montrer ce dessin à tes parents.
  . . . .
– Il faut accompagner Stéphanie à la gare.
  . . . .
– Il faut prendre cette route avant 6 heures.
  . . . .
– Il faut parler à Vincent de vos vacances.
  . . . .

5. Le petit lexique des gastronomes

Cette viande se mange

bleu(e) saignante à point bien cuite

Comment aimez-vous ces viandes ?

Les côtelettes de porc . . . .
Le rôti de veau . . . .
Le poulet . . . .
Le bifteck . . . .
Les escalopes . . . .

1. EN VACANCES...

Hébergement

D'abord les formules économiques

Voilà la grande révolution – plus qu'une évolution – de comportement des Français. Inexorablement, le vacancier se dirige vers les formules les plus économiques, plus par nécessité que par goût.

Grande victime, l'hôtel, dont les faveurs, selon l'I.N.S.E.E., seraient passées de 6,9 % en 1977 à 5,7 % en 1986 et... 4,7 % l'an dernier. Et la tendance pour 1988 n'est pas des plus optimistes. Entre le haut de gamme rentabilisé par une clientèle étrangère – Américains et Japonais en tête – et donc sujet aux fluctuations du marché, et un bas de gamme à la limite de la décence, il y a une marge.
Cette chute se fait à l'avantage de la location (15,5 %, mais en baisse), de la résidence secondaire (15,2 %) ou de la résidence principale ou secondaire, parents ou amis (38,1 % à elles deux), alors que le caravaning et son voisin de toile, le camping, recueillent un taux pratiquement stable de 20,6 % non négligeable.
Mais attention : les nouvelles données que sont les toutes jeunes formules « hôtel-club » et « nouvelle propriété » (dérivé de la multi propriété) ne sont pas encore vraiment intégrées à ces statistiques.

Avec l'aimable autorisation du journal *Le Figaro*.

Remplissez la grille :

	Fréquentation
Hôtel	....
Résidences secondaires	....
Famille Amis	....
Camping Caravaning	....

Maisons de campagne

Il y a 2,3 millions de résidences secondaires en France. 11 % des ménages disposent d'une résidence secondaire. Il s'agit dans 80 % des cas d'une maison avec un jardin (56 % à la campagne, 32 % à la mer, 16 % à la montagne).

2. LE CAMPING

Pour 7 millions de campeurs, il existe aujourd'hui près de 8 000 terrains de camping classés comme les hôtels, de 1 à 4 étoiles, en fonction de leur confort.
Ils sont en général ouverts de Pâques à la Toussaint et offrent presque tous un minimum de confort : accessibles en voiture, équipés de lavabos et douche-WC. Les plus luxueux proposent même des piscines, des courts de tennis et des restaurants. Plus de 74 % d'entre eux sont des 2 à 5 étoiles. Le tarif peut varier de 3 à 40 F par jour et par personne. Si vous aimez la mer, réservez votre emplacement à l'avance ; sinon, vous devrez accepter d'être à quelques kilomètres de la côte.
La campagne est moins fréquentée, et vous permettra de vous reposer plus facilement.
Mais, si vous êtes un adepte du camping sauvage, n'oubliez pas de demander la permission au propriétaire, ou adressez-vous à la mairie qui vous donnera tous les renseignements.

Prévoir avant le départ

Les vacances approchent. Êtes-vous bien certain que tout est prêt pour le départ ?

- **Réservez** un emplacement.
- **Inspectez la tente.**
- **Songez à l'assurance.**
- **Comptez les piquets.**
- **Retrouvez le maillet.**
- **Exercez-vous** à monter la tente si elle est neuve.

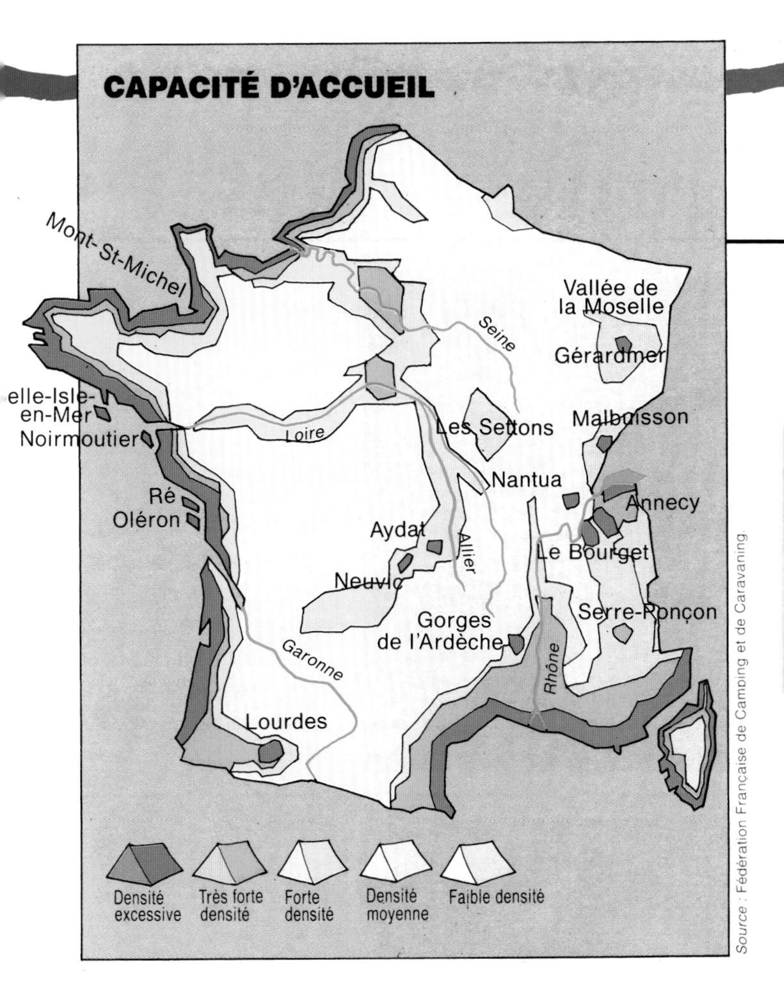

Source : Fédération Française de Camping et de Caravaning.

Vous aimez la solitude, choisissez votre région :

Entraînez-vous

Vous téléphonez au gérant d'un terrain de camping pour avoir des renseignements sur les services qu'il propose.

3. MAISONS DE FRANCE

En Alsace

Les toits sont en grès des Vosges brun-rouge. Les façades, couvertes d'un enduit blanc, ont des colombages en bois. Volets et portes sont peints, parfois de couleurs vives.

En Normandie

Toits de chaume, colombages, enduit blanc... au milieu des pommiers.

En Provence

Les maisons ont une façade ocre, des volets peints, un toit de tuiles.

En Savoie

On vit dans des chalets en bois, aux balcons découpés, sous lesquels sont entreposées des réserves de bois.

Au Pays basque

Des toits de tuiles en pente douce couvrent des murs blancs que traversent des balcons de bois.

En Bretagne

Murs de granit gris, ardoises gris bleu pour la Bretagne du Nord. Façades blanches crépies et toits de chaume pour le Sud.

4. MAISONS DE PEINTRES

Entraînez-vous

À votre avis :
Où ces paysages et ces maisons se situent-ils ?

Pierre-Auguste Renoir (1841-1919)

Son œuvre est parallèle à celle de ses amis impressionnistes. Il s'est intéressé aux hommes plus qu'aux paysages, et il restera le peintre de la joie de vivre.

« Terrasse à Cagnes », 1905, Tokyo, Collection Ishibashi.

Paul Gauguin (1848-1903)

Venu tardivement à la peinture, il fut influencé par l'impressionnisme. Marqué par ses voyages (Panama, la Martinique, Tahiti), il s'intéresse tout particulièrement aux cultures primitives. Sa peinture se caractérise par la simplicité et la force des formes et des couleurs.

« Les Lavandières à Pont-Aven », 1886, Paris, Musée d'Orsay.

Claude MONET (1840-1926)

Ce fut du titre de son tableau *impression, soleil levant* (1872) que vint le nom de l'école « impressionniste », dont il est le représentant le plus typique.
Agile et nerveux, le geste du peintre témoigne avec passion des mouvements de la lumière.

« Cour de ferme en Normandie », 1963, Paris, Musée d'Orsay.

5. LA PÉTANQUE

La pétanque

Elle se joue surtout dans le Sud. Mais on peut y jouer à Paris (sur l'esplanade des Invalides, aux Tuileries ou au Bois de Boulogne). Les joueurs sont à une distance de 6 à 10 m du cochonnet.

6. VACANCES GRATUITES...

TESTS

1 *Comment se sentent-ils ? Que leur dites-vous ?*

Il ....
..............!

Elle ....
..............!

Ils ....
..............!

2 *Retrouvez l'imparfait de ces verbes*

être	avoir	faire	prendre
....	....	....	....
....	....	....	....
....	....	....	....
....	....	....	....
....	....	....	....
....	....	....	....
choisir	**travailler**	**partir**	**voir**
....	....	....	....
....	....	....	....
....	....	....	....
....	....	....	....
....	....	....	....
....	....	....	....

3 *Mettez le verbe entre parenthèses à l'imparfait*

(être)	Patrick m'.......... pas là quand je suis arrivée.
(être)	Nous .... trop fatigués pour travailler.
(avoir)	Ils .... oublié les piquets dans la voiture.
(avoir)	Nous nous sommes arrêtés parce que nous n'.......... plus d'essence.
(prendre)	Ils .... une petite route quand nous les avons doublés.
(faire-être)	Nous ne .... pas souvent la cuisine quand nous .... en vacances !

4 *Mettez les verbes entre parenthèses au passé composé ou à l'imparfait*

Les gendarmes m'(arrêter) parce que je (rouler) trop vite.
Nous (rouler) à 160 km/h. Nous (avoir) une contravention.
Il y (avoir) trop de circulation sur l'autoroute. Nous (prendre) des petites routes.
J'(accompagner) mon fils quand j'(voir) cet accident.

5 *Répondez un utilisant « il ne fallait pas »*

Je me suis énervée !	....
Je me suis mise en colère !	....
J'avais peur !	....
J'étais triste !	....
J'ai pris l'autoroute.	....

6 *Mettez les phrases 1) à l'impératif, 2) à l'impératif négatif*

	1	2
Il faut me téléphoner.	....	....
Tu peux lui parler ?	....	....
Tu peux m'accompagner à la maison ?	....	....
Tu peux lui prêter ton stylo ?	....	....
Vous me rendez mon sac ?	....	....
Vous devez les prévenir.	....	....

7 *Comment passez-vous vos vacances ?*

Où allez-vous ?
Avec qui ?
Quand ?
Comment partez-vous ?
Quel hébergement choisissez-vous ?

À BICYCLETTE

17e épisode

SUR LE TERRAIN DE CAMPING

Vincent s'est endormi devant la tente de Pierre.

Françoise : Qu'est-ce que tu fais ici ?

Isabelle : Tu as dormi ici ?

Vincent : Oui, j'ai très bien dormi.

Pierre : Oh ! Qu'est-ce que tu fais ici ? Tu as dormi ici ?

Vincent : Oui, j'ai très bien dormi.

Françoise : Vous venez, on va faire une promenade à bicyclette dans la campagne ?

Isabelle : Formidable !

Pierre : Tu viens Vincent ?

Vincent : Oui, oui j'arrive...

À BICYCLETTE

Françoise : Il ne fait pas très beau.

Isabelle : Ce n'est pas grave, nous sommes en vacances.

Françoise : Peut-être que nous allons avoir du soleil.

Pierre : Cette route est très belle, hein Vincent ? Tu es fatigué ?

Vincent : Non, non, ça va.

Pierre : Tu n'es pas content ?

Vincent : Si, si. Il fait beau !

Vincent : Moi, je préfère les descentes.

Françoise : Après la descente, il y a la côte.

Vincent : Ça monte.

Isabelle : Ça monte beaucoup...

Françoise, Pierre et Isabelle ont mis pied à terre.

5 **Françoise :** J'en peux plus, cette côte est trop difficile. Mais où est Vincent ? Pierre, Isabelle, c attend Vincent ?

Pierre : Qu'est-ce qu'il fait ?

Isabelle : On va le chercher.

À UN CARREFOUR

6 **Françoise :** Où est-il allé ? Peut-être par là, à droite.

Pierre : À mon avis, il est allé à gauche.

Isabelle : Moi, je pense qu'il est allé à droite.

Françoise : Tu crois ? Je ne suis pas sûre.

Isabelle : Si, si. Je suis sûre qu'il est allé à droit La route est plus facile.

Pierre : Eh bien, allons à droite.

AU BOUT DE LA ROUTE...

7 **Isabelle :** On ne peut pas aller plus loin.

Pierre : Non, c'est impossible. La route est trop difficile.

Françoise : Allons voir sur l'autre route. Où est-ce qu'on va par là ?

Isabelle : Je crois qu'on va au pont cassé.

Françoise : Qu'est-ce que c'est, le pont cassé ?

Isabelle : C'est l'ancien pont qui est cassé.

PRÈS DU PONT

Pierre : Ça descend beaucoup, c'est dangereux.

Isabelle : Et au bout c'est le ravin du pont cassé !

Françoise, Pierre et Isabelle s'approchent.

Françoise : Je crois que Vincent est tombé du pont.

Pierre : Vincent, qu'est-ce qu'il y a ?

Pierre : Vincent, tu m'entends ?

Vincent : Qu'est-ce qu'il y a ?... Je dormais.

Françoise : Tu nous as fait peur.

Vincent : Pourquoi ?

Isabelle : On a cru que tu étais tombé du pont.

Vincent : Non, je dormais ; je suis fatigué...

Françoise : Allez viens ! On continue la promenade...

Vincent : Non, allez-y sans moi.

Pierre : Allez viens !

Vincent : Non merci.

Isabelle : Tu n'es pas sympa.

Vincent : Je n'ai pas envie.

Pierre : Eh bien tant pis !

Françoise : À tout à l'heure.

Vincent : C'est ça, à tout à l'heure.

1. Météo

Observez

Quel beau temps !

« Il a fait beau aujourd'hui sur l'ensemble de la France. 20° à Paris, 27 à Biarritz... De la pluie cependant dans l'Ouest, mais le matin seulement. Quelques orages également sur l'Aquitaine... »

Commentez les cartes suivantes au présent et au passé, en indiquant bien les régions

Il fait.......... à.........
Il a fait.......... en..........
dans..........

2. Comment vous sentez-vous ?

Qui dit quoi ?

Complétez

J' .... Vous n'avez pas quelque chose à boire ?
J' .... Tu peux ouvrir la fenêtre ?
J' .... Vous pouvez m'apporter une couverture supplémentaire ?
J' .... Je vais dormir une heure ou deux.
J' .... Il y a quelque chose à manger dans le réfrigérateur ?

3. À mon avis...

Observez

– **À mon avis**, il va faire beau.
Qu'est-ce que vous en pensez ?
Je pense qu' / **Je crois qu'** } il va faire beau.
– Moi, je n'en suis pas sûr.
– Si, si, je suis sûr qu'il va faire beau.

– Il a **peut-être** eu un accident.
– Tu crois ?
– Pourquoi pas.
– Non, ici ce n'est pas possible.

Faites des dialogues en utilisant « peut-être, je pense que, à mon avis... » dans les situations suivantes

a. Françoise a perdu son sac.
– Vincent : Elle ....
– Isabelle : ....

b. Isabelle et Françoise attendent Vincent et Pierre au cinéma.
– Isabelle : Ils ....
– Françoise : ....

c. Isabelle et Vincent font un gâteau. Le gâteau est raté.
– Isabelle : Nous
On ....
– Françoise : ....

4. Imparfait – Plus-que-parfait

Observez

Isabelle : Vincent **dit** qu'il **est** fatigué.
Vincent **a dit** qu'il **était** fatigué.

Isabelle : Vincent **dit** qu'il **a** bien dormi.
Vincent **a dit** qu'il **avait** bien dormi.

NOTEZ BIEN

Il dit qu' (présent) ↗ il **est**... (présent) ↘ il **a dormi** (passé composé)

Il a dit qu' (passé) ↗ il **était**... (imparfait) ↘ il **avait dormi**... (plus-que-parfait)

De la même manière...
Je **crois** que Vincent est tombé du pont.
présent

J'ai cru (passé composé) / Je croyais (imparfait) } que Vincent était tombé du pont.

J'ai pensé / J'ai cru } ou { Je pensais / Je croyais / J'étais sûr } que ... ↗ imparfait ↘ plus-que-parfait

Imparfait :
si les deux actions se passent en même temps

Plus-que-parfait :
si la deuxième action s'est passée avant la première

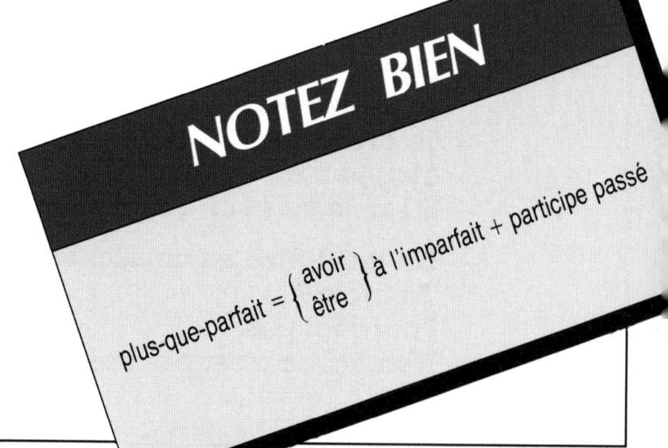

Trouvez le plus-que-parfait des verbes suivants

travailler - voir - perdre - aller - faire - partir - chòisir - prendre

Mettez les phrases suivantes au passé

Pierre, Françoise et Isabelle commencent à s'inquiéter.
Pierre dit que Vincent est allé à gauche. → Pierre a dit que...
Isabelle pense qu'il est allé à droite. → Isabelle pensait que...
Elle est même sûre qu'il est allé à droite. → Elle était sûre que...

Mettez au passé

Dans sa lettre, Paul me dit qu'il est avec ses parents en vacances.
qu'il a pris l'avion pour la première fois.
qu'il a vu des paysages magnifiques.
qu'il fait beau.
qu'il déjeune tous les jours dehors.
qu'il est en pleine forme.

Dans sa lettre, Paul m'a dit qu' . . . .

Dans sa lettre, Patricia me dit qu'elle est en Corse.
qu'elle a réservé une chambre dans un hôtel très sympathique.
qu'il ne fait pas très beau,
mais qu'elle fait du vélo avec des amis.

Dans sa lettre, Patricia m'a dit qu' . . . .

Continuez sur le modèle proposé

Nous avons prix nos vacances en juillet.	Ah bon ! Je croyais que vous, vous aviez pris vos vacances en août !
Nous avons acheté une R5.	Ah bon ! . . . . .une R9 !
Nous sommes allés en Bretagne.	. . . . en Normandie !
Nous avons fait du camping.	. . . . allés à l'hôtel !
Il a fait un temps superbe.	. . . . fait mauvais !

1. LA MÉTÉO

© Météo France, DMN.

Le soleil
a rendez-vous
avec vous.

36 65 00 00*
ALLO METEO
(*) 5 taxes de base.

TOUS LES TEMPS, TOUT LE TEMPS.

METEO FRANCE

Partout en France, le bulletin de prévision régional est donné par 36.65.00.00.
À Paris :
- 36.65.00.00 Prévision Ile de France Centre et Normandie.
- 36.65.01.01 Prévision 5 jours sur la France entière.
- 36.65.02.02 Prévision sur Paris Capitale.

En moyenne, il ne pleut pas plus à Paris qu'à Marseille, mais ces mêmes quantités annuelles (600 mm) tombent en 76 jours à Marseille et en 160 jours à Paris.
Il neige aussi souvent à Carcassonne qu'à Dunkerque (10 jours) et c'est Perpignan qui détient le record de la couche de neige la plus importante mesurée en plaine, avec 85 cm, le 5 février 1954.
C'est encore à Perpignan qu'on a mesuré l'une des plus fortes quantités de précipitations tombées en 24 heures (435 mm, le 26 octobre 1915), mais le nombre d'heures d'ensoleillement y est aussi l'un des plus importants de France, de même que le nombre de jours de vent violent.
Il y a par ailleurs autant de soleil à Lyon et à Dijon qu'en Vendée ou dans les Landes.
Quant à la température, on peut observer, par exemple à Pau, aussi bien – 15 °C en plein hiver que + 27°.

© Météorologie nationale.

Les climats français

Nombre d'heures de soleil par an. Les régions les plus ensoleillées de France sont, en hiver, la Cerdagne (Mont-Louis) et la Haute-Provence (vallée de la Durance), ainsi que Perpignan, Nice et les Alpes du Sud ; au printemps et en été, la côte varoise ; en automne, la Corse. Les régions les moins gâtées sont, en hiver, la Moselle et le Bas-Rhin (36 heures de soleil en décembre à Strasbourg) ; au printemps, les environs de Lille et de Dieppe ; en été, le centre de la Bretagne (moins de 200 heures de soleil en juin à Rostrenen) ; et, en automne, Cherbourg et Metz (110 heures de soleil en octobre).

Nombre de jours de pluie par an. En règle générale, ce nombre est inférieur à 110 dans les zones de climat méditerranéen et supérieur à 130 là où la tendance est océanique ou continentale. C'est ainsi que Lille ne reçoit que 61 centimètres d'eau par an (contre 87 à Nice), les précipitations y étant réparties sur 171 jours (au lieu de 86 à Nice). Il est rare que, à Paris, en Bretagne ou dans le Nord, il tombe plus de 3 centimètres de pluie en 24 heures, alors que des chutes de 20 et même 25 centimètres en une seule journée sont notées dans le Sud-Ouest, sur la Côte d'Azur et la Corse.

Entraînez-vous

Où faut-il aller en hiver si on aime le soleil ?
Où faut-il éviter d'aller si on n'aime pas la pluie ?

2. LE TOUR DE FRANCE

LE TOURMALET : l'ancêtre

Le Tourmalet (le « mauvais détour ») avait défrayé la chronique bien avant que les cyclistes ne se lancent à l'assaut des cimes pyrénéennes. La petite histoire associe son nom à celui de Mme de Maintenon qui allait « prendre les eaux », soit à Barèges, soit à Bagnères-de-Bigorre et qui avait déjà escaladé ses sentiers cahoteux... en chaise à porteur.
Mais c'est au journaliste Alphonse Steines que revient le mérite d'avoir inventé, ou réinventé, le Tourmalet. Chargé par Henri Desgranges d'élargir l'itinéraire et de trouver de nouvelles difficultés, il explora les Pyrénées profondes dans un secteur que l'on appelait « le Cercle de la mort ». La reconnaissance eut lieu durant l'hiver 1910 et faillit effectivement lui coûter la vie. Sa voiture ayant été bloquée par la neige à 4 kilomètres du sommet, l'envoyé très spécial du journal l'Auto, organisateur du Tour, termina l'ascension à pied par une nuit glaciale. Quand les gendarmes de Barèges vinrent à son secours, au petit matin, il était frigorifié et à bout de forces. Il télégraphia néanmoins à Desgranges pour lui affirmer que la route était dégagée et carrossable. Son projet fut adopté, non sans être condamné par la presse qui protesta dans sa majorité contre cette initiative « aussi dangereuse que farfelue » (sic).

Le Monde, juillet 88, nº 157.

Campan (640 m)
Ste-Marie de Campan 1 004 m
La Mongie (1 800 m)
Col du Tourmalet (2 113 m)
1 432 m
Barèges (1 238 m)
Luz-St-Sauveur (711 m)
0 5 10 15 20 25 30 35 40 km
◀ Bagnères-de-Bigorre, Tarbes, Col d'Aspin, Luchon
Argelès-Gazost, Lourdes, Pau, Cauterets, Gavarnie, Col d'Aubisque ▶
D'après Le Monde, Juillet 1988, n. 157

Quelques dates

- 1er juillet 1903 : départ du premier Tour de France, à Montgeron, devant le *Réveil-Matin.*
- 1930 : création des équipes nationales et de la caravane publicitaire. Premier reportage radiodiffusé en direct par Jean Antoine et Alex Virot. Victoire de Leducq.
- 1933 : création du Grand Prix de la montagne, gagné par Vicente Trueba.
- 1937 : généralisation de l'emploi du dérailleur. 1er : Roger Lapébie.
- 1955 : troisième victoire consécutive de Louison Bobet.
- 1964 : Cinquième victoire de Jacques Anquetil.
- 1969 : retour définitif à la formule des équipes de marques.
- 1974 : cinquième victoire de Merckx.
- 1975 : première arrivée sur les Champs-Elysées.
- 1985 : cinquième victoire de Bernard Hinault.
- 1986 : première victoire d'un Américain, Greg LeMond.

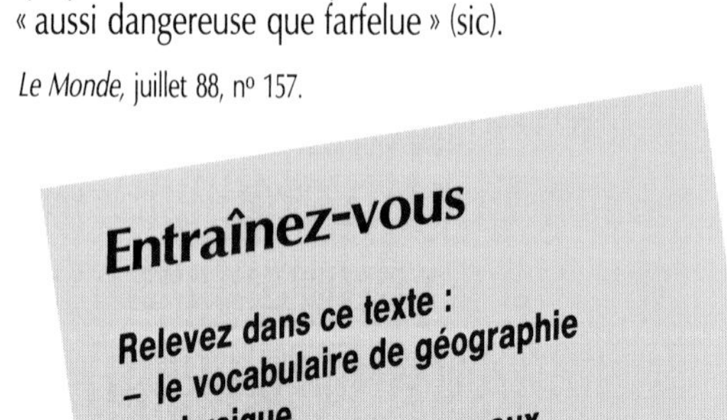

Entraînez-vous

Relevez dans ce texte :
– le vocabulaire de géographie physique,
– le vocabulaire propre aux transports.

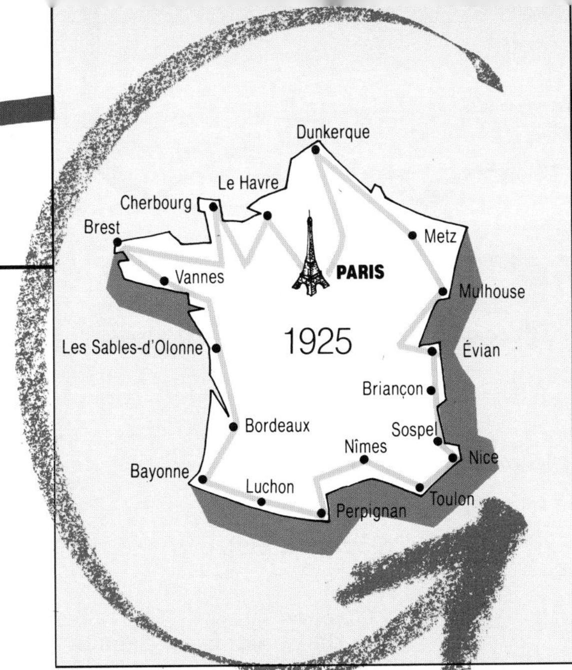

Le Tour de France à travers les régions

Le Tour 1988 traverse 41 départements et 17 régions sur les 22 que compte la France administrative. Ainsi, sont évités les extrêmes : Bretagne à l'Ouest ; Corse, Provence-Alpes-Côte d'Azur et Languedoc-Roussillon au Sud-Sud-Est. La région Centre est contournée. Les principales difficultés du parcours épousent en fait les principaux massifs montagneux : des étapes 9 à 13, on traverse le Jura, les Vosges et par la Suisse, en longeant le lac Léman, on aborde les Alpes du Nord, descendues jusqu'à Grenoble et Villard-de-Lans. Puis viennent les Pyrénées avec notamment la quinzième étape qui accumule les difficultés : cinq cols dont le Tourmalet, puis la montée de Luz Ardiden. Le Massif Central et son Puy de Dôme, puis les monts du Mâconnais sont à leur tour visités. S'il y a des étapes courtes (hormis les « contre-la-montre ») il y en a de longues aussi : 232 km entre Besançon et Morzine avec deux cols.
Le Tour abandonne parfois le vélo. Il prend le train – deux fois entre Strasbourg et Belfort, entre Chalon-sur-Saône et Nemours. Il saute en voiture aussi pour deux petits transferts de Bordeaux à Ruelle, et d'Évreux à Neufchâtel-en-Bray. Enfin l'avion pour voler des Alpes aux Pyrénées, ignorant le Midi et atterrissant à Toulouse-Blagnac, haut-lieu de l'aviation commerciale. On remarquera encore que le Tour préfère les routes départementales. Un exemple à suivre pour visiter la France.

Entraînez-vous

Essayez de retrouver sur une carte de France l'itinéraire du Tour 88. Comparez-le à l'itinéraire du Tour de France de 1925.

Fernand LÉGER (1881-1955)

Après avoir pratiqué le cubisme non figuratif, il s'orienta vers un art moins abstrait où le cadre technique de la vie moderne est toujours présent.

« Les Loisirs sur fond rouge », 1949. Biot, Musée National Fernand Leger.

TESTS

1 Qu'est-ce qu'ils ont dit pour provoquer cette réponse ?

– .... !
– Eh bien, va te coucher.

– .... !
– Alors, mets ton manteau.

– .... !
– Eh bien, allons au café.

– .... !
– Enlève ton pull.

– .... !
– Il y a du poulet froid dans le réfrigérateur.

2 Retrouvez les expressions qui permettent d'exprimer une opinion

....
....
....

3 Rappelez-vous et complétez le tableau

Je pense	qu'il est fatigué	J'ai pensé qu'il ....
	qu'il n'a pas dormi	J'ai pensé qu'il ....

Vincent et Pierre n'arrivent pas. Isabelle et Françoise les attendent. Qu'est-ce qu'elles disent ?
(Utiliser les expressions « avoir un accident », « prendre des petites routes », « avoir une panne d'essence », « se perdre », « s'arrêter en route ».)

....
....
....
....
....

Reprenez les mêmes phrases au passé

On a pensé que vous ....
On a pensé qu'ils ....
....
....
....

4 Marie rappelle les paroles de Jacques

Jacques

Je suis allé en Bretagne, J'ai passé trois jours à Quiberon. Il a fait très beau. Ensuite, je suis parti pour Nantes. Il a plu une journée, mais le soleil est vite revenu.

Marie

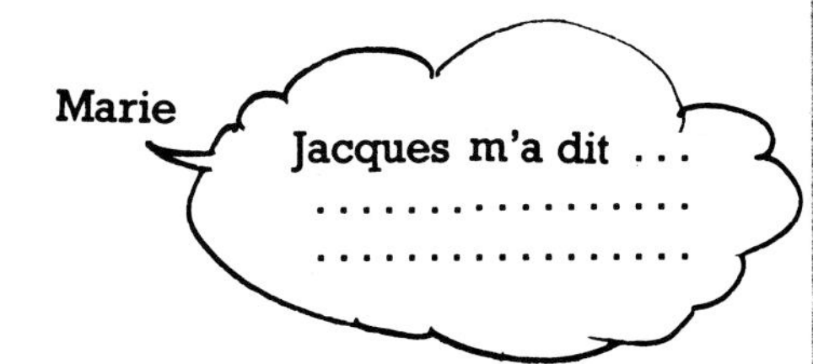

5 Commentez les cartes suivantes

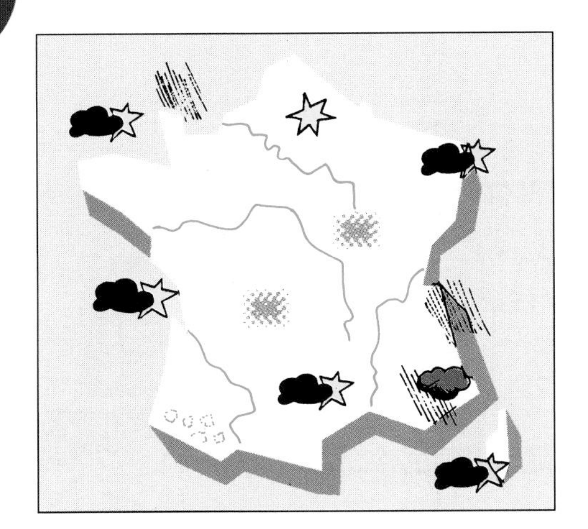

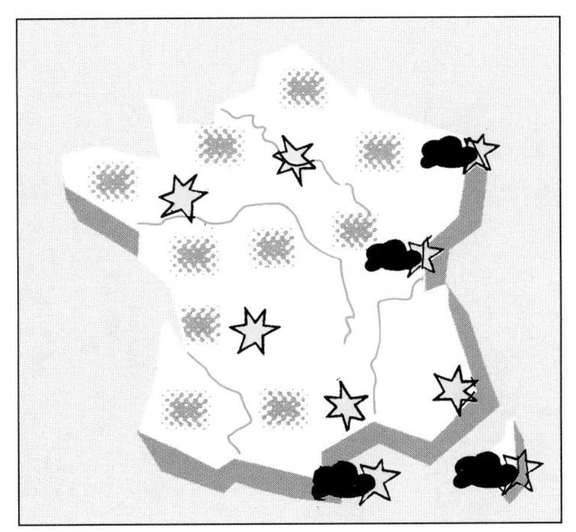

6 Écoutez cette émission et complétez la carte

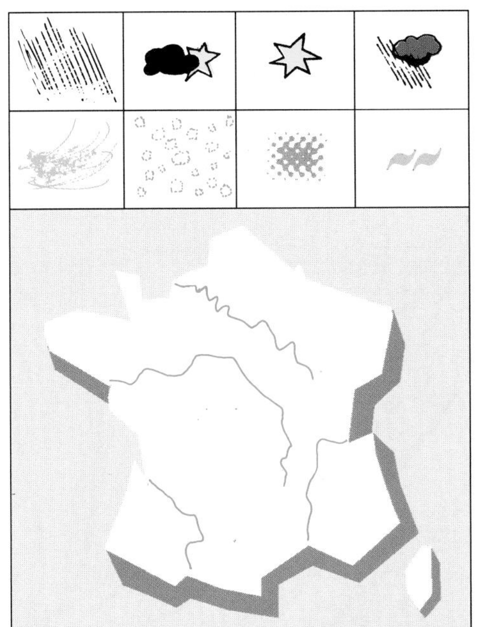

FAIRE LES COURSES

18e épisode

À TOURETTE, DANS LA MAISON D'ISABELLE

Françoise : Il est tard. Dans 1 heure les magasins seront fermés ; il faut aller faire les courses.

Pierre : Aujourd'hui, c'est à nous. Vous, vous les ferez demain.

Vincent : Faites la liste.

Isabelle : Une salade et des tomates.

Pierre : Des concombres.

Françoise : Des fruits : pêches et cerises.
Des biftecks.

Vincent : Et des saucisses !

Isabelle : Des yaourts, du fromage et du beurre.

Vincent : Donne-moi la liste.

Pierre : On y va ?

Vincent : On y va. À tout à l'heure.

Françoise : À tout à l'heure. N'oubliez pas les journaux.

AU CAFÉ

Pierre : On va prendre un petit café ?

Vincent : D'accord, mais en vitesse. Dans une demi-heure, les magasins seront fermés.

Le garçon : Vous désirez ?

Pierre à Vincent : Un café ?

Vincent : Oui, oui un café.

Pierre : Deux cafés.

Le garçon : Voilà messieurs, deux cafés.

PENDANT CE TEMPS, CHEZ ISABELLE

3

Françoise : J'ai soif.

Isabelle : Ne bouge pas, je vais chercher de l'eau et des verres.

Françoise : Les garçons ont oublié la liste des courses !

Isabelle : Décidément, on ne peut pas compter sur eux. On prend la liste. Allons-y.

Françoise : Tu crois ?

Isabelle : Oui, oui. Allons-y.

CHEZ L'ÉPICIER

4

Françoise : Des tomates. On en prend 1 kg.

Isabelle : Tiens, une salade et des concombres.

Françoise : On en prend deux ?

Isabelle : Oui, on en prend deux.

Françoise : Des fruits : 1 kg de pêches, 1 kg de cerises. On va les peser.
1 kg de tomates, 1 kg de pêches et 1 kg de cerises.
Il ne faut pas oublier les yaourts, du fromage et du beurre.

La marchande : Des yaourts « nature » ou aux fruits ?

Françoise : Des yaourts « nature ».

AU CAFÉ

5 **Pierre :** Allons-y.

Vincent : La liste...

Pierre : Quoi, la liste ?

Vincent : On a oublié la liste des courses.

Pierre : Allons la chercher.

Vincent : Non, je m'en souviens.

Pierre : Moi aussi.

6 **Vincent au garçon :** Vous avez un crayon et une feuille de papier s'il vous plaît ?

Pierre : Il y avait une salade, des tomates, des concombres, des fruits : pêches et cerises.

Vincent : Des biftecks, des saucisses, des yaourts, du fromage et du beurre.

Pierre : Et de l'huile, du vinaigre et du pain.

CHEZ LE BOUCHER

7 **Françoise :** Des biftecks s'il vous plaît.

Le boucher : Combien ?

Françoise : J'en voudrais quatre.

Le boucher : Voilà quatre biftecks.

Isabelle : Et 4 saucisses, s'il vous plaît.

Le boucher : Et voilà 4 saucisses.

CHEZ LE MÊME ÉPICIER

Vincent : 1 kg de tomates et une salade.

Pierre : Et deux concombres.

Vincent à Pierre : Des fruits : on prend des pêches ?

Pierre : Oui.

Vincent : Bon, 1 kg de pêches et 1 kg de cerises. 1 kg de tomates, 1 kg de pêches et 1 kg de cerises. On va les peser.

Pierre : Il faut prendre aussi des yaourts, du fromage.

Vincent : Du beurre !

Pierre : Ah oui, du beurre, il en faut aussi.

La marchande : Vous préférez des yaourts « nature » ou aux fruits ?

Vincent : « Nature ».

À LA BOUCHERIE, ENCORE...

Vincent : Bonjour. Des biftecks, s'il vous plaît.

Le boucher : Combien ?

Vincent : J'en voudrais 4.

Pierre : Et 4 saucisses s'il vous plaît.

Le boucher : Voilà 4 biftecks et 4 saucisses.

Vincent : Merci.

DANS LA CUISINE

Françoise : Je commence à avoir faim, et toi ?

Isabelle : Moi aussi.

Les garçons arrivent.

Vincent : Nous voilà, on apporte les courses.

1. Futur

Observez

– Tu crois que les magasins sont ouverts ?
– Maintenant, oui. Mais dans une heure, ils **seront** fermés.
– Aujourd'hui, nous faisons les courses. Demain, vous les **ferez.**

Apprenez

être	avoir	prendre	faire	travailler
je serai	j' aurai	je pr endrai	je ferai	je travaillerai
tu seras	tu auras	tu pr endras	tu feras	tu travailleras
il sera	il aura	il pr endra	il fera	il travaillera
nous serons	nous aurons	nous pr endrons	nous ferons	nous travaillerons
vous serez	vous aurez	vous pr endrez	vous ferez	vous travaillerez
ils seront	ils auront	ils pr endront	ils feront	ils travailleront
aller	**voir**	**venir**	**sortir**	**choisir**
j' irai	je verrai	je viendrai	je sortirai	je choisirai
tu iras	tu verras	tu viendras	tu sortiras	tu choisiras
il ira	il verra	il viendra	il sortira	il choisira
nous irons	nous verrons	nous viendrons	nous sortirons	nous choisirons
vous irez	vous verrez	vous viendrez	vous sortirez	vous choisirez
ils iront	ils verront	ils viendront	ils sortiront	ils choisiront

Mettez les textes suivants au futur

- **Itinéraires**

Pour aller à Vézelay de Paris : vous prenez l'autoroute A6 jusqu'à Avallon. Vous sortez à Avallon. Vous prenez la départementale 957. Vous traversez Avallon. Vous allez tout droit jusqu'à Vézelay. Avant d'arriver, vous voyez une église : c'est la Basilique Sainte Madeleine.

- **Prévisions météo**

Hier	Demain
Le matin, il y a eu du soleil sur la moitié Sud du pays. Dans le Nord-Ouest, le ciel a été nuageux. Il y a eu quelques orages et de belles éclaircies. L'après-midi, il a fait beau sur l'ensemble du pays.	....

- **La route du Tour**

Cette semaine, le Tour de France passe à Strasbourg. Les coureurs s'arrêtent une journée. Ils prennent le train pour Belfort, puis ils repartent pour Besançon. Ils traversent les Alpes, mais c'est en avion qu'ils vont des Alpes aux Pyrénées.

....

2. En..., En... un, deux, etc.

Observez

- Je voudrais des tomates.
- Bien sûr. Vous **en** voulez **combien ?**
- **J'en** voudrais **1 kg.**

Remplacez

tomates ⟶ haricots verts,
pommes de terre, pêches, cerises...

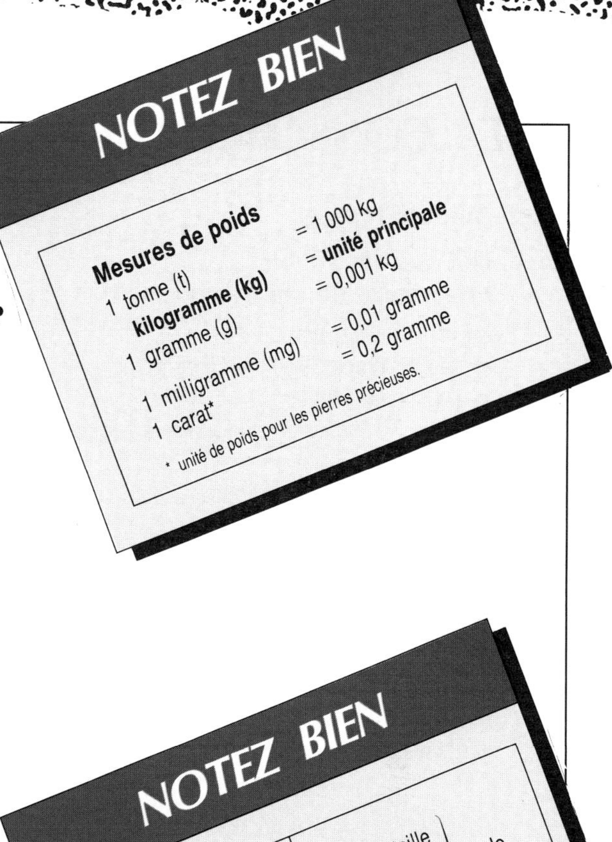

NOTEZ BIEN

Mesures de poids

1 tonne (t)	= 1 000 kg
kilogramme (kg)	= **unité principale**
1 gramme (g)	= 0,001 kg
1 milligramme (mg)	= 0,01 gramme
1 carat*	= 0,2 gramme

* unité de poids pour les pierres précieuses.

Observez

- Bonjour madame Leblond.
  Qu'est-ce que je vous sers aujourd'hui ?
- Aujourd'hui, je vais prendre des biftecks.
- Vous **en** prenez **combien ?**
- **J'en** prends **quatre**.

NOTEZ BIEN

1 kg
1 livre (500 g)
1/2 livre (250 g)
100g
} de...

1 bouteille
1 litre
1/2 litre
} de...

Remplacez

biftecks ⟶ escalopes de veau,
côtes d'agneau, saucisses.

Observez

- Je voudrais du lait s'il vous plaît.
- Un litre ?
- Eh bien aujourd'hui, je vais **en** prendre **deux litres**.

Remplacez

lait ⟶ eau, jus d'orange.

3. Dans une épicerie

Observez

Qu'est-ce qui se présente :
- en plaquette ?
- en tablette ?
- en barquette ?
- en cageot ?
- en carton ?
- en boîte ?

1. LA CONSOMMATION ALIMENTAIRE

Aujourd'hui...

Le Français à table : une affaire de chiffres

Un « Français moyen » :
- se met à table 50 000 fois dans sa vie ;
- y reste une heure ;
- passe 8 h 55 par semaine à faire la cuisine et... la vaisselle ;
- consacre 21 % de son budget à la nourriture (contre 61 % pour un Indien) ;
- mange 40 kg de fromage par an et... 70 kg de pain (il en mangeait 105 kg en 1960 et 230 kg en 1920) ;
- prend son repas hors de son domicile 84 fois par an ;
- considère que c'est en France que l'on mange le mieux (viennent ensuite l'Italie, l'Espagne, le Maroc, puis la Chine et le Vietnam).

Entraînez-vous

Comparez ces moyennes à vos habitudes à vous

... et demain

AN 2000 L'ère du fast food ?

Mais, n'en déplaise aux futurologues, le repas-pilule, la tablette de viande ou le fruit en poudre ne seront pas le repas de demain. Nos estomacs restent fidèles aux traditions et, tant que le lait coule d'abondance et que le blé ne manque pas, il est inutile de passer par des manipulations industrielles trop coûteuses.
Par contre, le savoir-faire de l'agro-alimentaire se retrouve dans les sauces.
En cette fin de XXe siècle, le citadin passe trois fois moins de temps à table que ses ancêtres et encore moins de temps dans sa cuisine ; en 1981, 14 millions de Français déjeunaient au restaurant dans un « fast-food » à la cantine.
En l'an 2000, ils seront 18 millions ! Et ils sont plus exigeants à la cantine qu'à la maison. Résultat : l'industrie se transforme en cuisine et tente de remplacer les femmes aux fourneaux.

Phosphore, août 85.

La consommation des ménages 1960-2000

	Évolution observée			Prévision
	1963-1973	1973-1979	1979-1985	1985-2000
Alimentation	2,1	1,4	0,5	0,9
dont :				
Produits à base de céréales	1,4	0,9	– 0,3	0,7
Viandes	1,7	2,2	0,8	1,1
Poissons	1,3	1,1	– 1,1	1,0
Lait, œufs, fromages	3,6	2,1	2,2	1,7
Corps gras	1,7	0,7	– 0,8	– 0,5
Fruits et légumes	1,4	– 1,0	– 0,9	– 0,6
Produits d'alimentation divers (dont sucre et café)	5,9	3,4	1,5	2,5
Boissons non alcoolisées	8,0	0,5	1,6	1,2

Futuribles, septembre 87.

Quelles sont d'après Futuribles, les prévisions concernant la consommation des Français ?

Les Français consommeront plus de ....
moins de ....

La consommation de... baissera ....
augmentera ....

2. LES MARCHÉS PARISIENS

■ ***Dans quel marché parisien irez-vous si vous cherchez :***

des roses ? des vieux vêtements ? des vieux meubles ?

3. LE VILLAGE TRADITIONNEL

Les petits villages vont-ils mourir ?
Ils ont en tout cas changé d'aspect :
L'INSEE vient en effet de faire l'inventaire des services et des équipements présents dans les 36 538 communes de France. Si l'on en croit cette étude, épiceries et boulangeries se font plus rares dans les campagnes françaises. En 8 ans, 12 % des communes ont vu disparaître leurs dernières épiceries. Les habitants doivent maintenant parcourir 6 km pour trouver un magasin d'alimentation, au chef-lieu de canton le plus proche ou... au supermarché. Les chefs-lieux de cantons sont en effet mieux équipés en raison de leur statut administratif : on y trouve toujours une épicerie, une boulangerie et une boucherie. Quant aux supermarchés, ils se rapprochent des habitants : 67 % (+ 6 % en 8 ans) en trouvent un dans leur commune.

Dans beaucoup de villages aussi, les pompistes ferment, victimes de la centralisation et des grandes surfaces : 35 % des communes seulement disposent d'une station service, contre 44 % en 1980. De même, les écoles se raréfient : 74,4 % des communes sont dotées d'une école primaire, contre 79,2 % en 1980. Les cafés eux-mêmes sont de moins en moins nombreux... Par contre les campagnes paraissent plus soucieuses qu'autrefois de leur santé : 48 % des communes rurales disposent d'un médecin généraliste (40 % en 1980 et 17 % en 1970). 22 % des communes ont une pharmacie, contre 19 % en 1980. Enfin, les infirmières sont présentes dans 81 % des communes.

Toutes les communes ou presque ont maintenant l'eau courante et bénéficient du ramassage des ordures. Et – nouveauté – les villages s'équipent en installations sportives : terrains de tennis (en plein air : 20 % de plus qu'en 1980), installations couvertes, chemins de randonnées, ... Les salles de fêtes se multiplient (72,1 % de communes équipées en 1988, contre 52,9 % en 1980). Et depuis 1980, 22 000 communes (!) ont monté un club du 3e âge.

Le Quotidien a demandé à un maire son avis sur cette situation :

Pierre-Yves Collombat* : « Nous avons tout fait pour éviter la commune dortoir »

LE QUOTIDIEN. – Comment expliquez-vous que les loisirs se développent dans les communes rurales ?

Pierre-Yves COLLOMBAT. – Il s'agit du phénomène de « rurbanisation ». Les petites communes dans l'attraction des grosses ont tendance à devenir des communes dortoirs. C'est pourquoi les maires tentent de développer des équipements divertissants pour les habitants, tandis que les fonctions commerciales sont assurées dans des zones spécifiques.

Q. – Quels sont les équipements des communes rurales ?

P.-Y.C. – Il s'agit principalement de tennis, d'équipements légers pour la santé. Il faut assurer un besoin des habitants en matière de cadre de vie, mais il faut également faire un effort dans la création d'emploi. On assiste à une spécialisation par zones des secteurs économiques. Or, si on veut maintenir une vie communale active, il faut maintenir toutes les fonctions de services et de commerces.

Q. – Qui pensez-vous ainsi attirer ?

P.-Y.C. – C'est tout d'abord une volonté de répondre aux besoins des habitants. Dans les zones rurales, il y a de moins en moins d'agriculteurs. Les modes de vie changent. Le sport et la santé sont devenus des points prioritaires. Mais en même temps, il s'agit de convenir aux investisseurs. Ceux qui veulent créer des entreprises sont sensibles au cadre de vie.

Q. – A Figanières, avez-vous créé des zones de loisirs ?

P.-Y.C. – L'année prochaine s'ouvrira un village de vacances. On y trouvera piscine, tennis, mini-golf, une salle polyvalente de conférences, un parcours de santé, un accueil pour les enfants... Nous souhaitons son utilisation la plus large possible. C'est-à-dire que ce centre sera ouvert à deux sortes d'utilisateurs : les vacanciers et les gens du village. Ce projet a pu être réalisé grâce à des subventions de l'État, de la région et du département. Il est également financé par l'association qui va s'occuper de sa gestion grâce à un emprunt garanti par la commune.
Notre commune a vu sa population doubler en dix ans. Géographiquement, nous sommes très proches de Draguignan. Nous avons développé ces activités pour ne pas devenir une commune dortoir.

Q. – Qu'avez-vous fait au niveau commercial ?

P.-Y.C. – L'évolution a été amorcée, il y a quinze ans. Notre commune était centrée sur l'agriculture. Il nous a fallu créer localement des emplois et des services. Ainsi, s'est développé un service d'aide ménagère, une crèche parentale, le para-médical (kinésithérapeute, infirmières...).

Propos recueillis par S.R.

* *Maire de Figanières (Var), 1 500 habitants.*

Entraînez-vous

Quelles sont d'après cet article, les services qui disparaissent des campagnes et ceux qui au contraire se multiplient ? Quelles sont les raisons qui sont données ? Quelles sont vos explications ?

TESTS

1 *Mettez les verbes au futur*

(faire) Je .... les courses demain.
Nous ....

(aller) Tu n' .... pas en vacances à Tourette cette année ?
Vous ....

(avoir) J'espère que tu .... du beau temps.
vous ....
nous ....
j(e) ....

(prendre) Michèle et Monique .... leur voiture pour partir en vacances

(travailler) Demain, je .... jusqu'à 16 heures seulement.
nous ....
vous ....
ils ....

(être/arriver) Tu crois que les magasins ..... fermés quand nous ....

2 *Expliquez cet itinéraire au futur*

Tu prends l'autoroute en direction de Paris.
Tu sors à Mâcon-Nord.
Tu prends la route nationale 79.
Tu vas jusqu'à Sainte-Cécile.
Sur la place, après l'église, tu tournes à gauche.
Tu fais un kilomètre.
Tu vois une petite maison sur la droite. C'est la maison de ma grand-mère.

Tu ....
Vous ....

Tu prends le métro direction porte de Clignancourt.
Tu changes à gare de l'Est.
Tu prends la direction Aubervilliers.
Tu descends à la station Crimée.
Tu fais 200 m et tu arrives en face de chez moi.

Tu ....
Vous ....

3 *Répondez en utilisant une phrase complète*

– Vous prenez du beurre ?
– Oui, une plaquette.

....

– Vous voulez des tomates ?
– Oui, un kilo.

....

– Et des pêches ?
– Un cageot.

....

4 *Combien en voulez-vous ?*

Écoutez et indiquez le produit et la quantité commandé pour chaque cliente.

	concombre	haricots verts	tomates	cerises	oranges	pommes de terre
1re cliente						
2e cliente						
3e cliente						
4e cliente						

LA LETTRE

19e épisode

À TOURETTE...

1 ***Vincent :*** C'est chouette, les vacances !

Françoise : Hélas, c'est fini !

Pierre : Et on n'a plus d'argent !

Isabelle : Il faudrait qu'on trouve du travail ! J'ai vu des annonces dans *Nice Matin*. On demande des animateurs dans plusieurs hôtels.

Vincent : Bonne idée ! Il faut qu'on trouve un travail avant la rentrée ! Je vais chercher les journaux.

2 3 ***Françoise lisant le journal :*** Cherchons personnel hôtel et animateurs dans plusieurs régions de France. Écrire Campanile.

Vincent : Un animateur ?

Françoise : Non, des animateurs ?

Isabelle : Il faut qu'on écrive.

Pierre : Oui, il faut absolument qu'on écrive.

Vincent : Bonne idée ! On écrit.

4 ***Vincent :*** On commence comment ?

Isabelle : Monsieur ou Messieurs ?...

Françoise : Messieurs, en réponse à votre annonce parue dans le journal d'aujourd'hui... Après ?

Pierre : J'ai l'honneur de vous demander...

Vincent : J'ai l'honneur ! Ah, ah ! Tu n'écris pas à un ministre.

Pierre : Alors, qu'est-ce que tu écris ?

Isabelle : Moi j'écris simplement : « Je me permets de poser ma candidature pour le poste d'animatrice ». À mon avis, il faut qu'on mette aussi nos références.

Pierre : Tu as raison. On met nos références. Je suis étudiant et j'ai un diplôme d'animateur depuis un an...

Françoise : Et il faut rajouter : j'ai été animatrice deux fois l'année dernière...

Vincent : Et pour finir, dans l'attente de votre réponse, je vous prie de croire, Messieurs, en l'assurance de mes sentiments les meilleurs.

Isabelle : Je vous relis ma lettre ?

Françoise : D'accord. Vas-y.

Isabelle : En réponse à votre annonce parue dans le journal d'aujourd'hui. Je me permets de poser ma candidature à l'emploi d'animatrice. J'ai 21 ans.

Pierre : Tu as raison il faut qu'on mette notre âge.

Isabelle : J'ai 21 ans et je possède un diplôme d'animatrice.
Dans l'attente de votre réponse, je vous prie, Messieurs, de croire, à l'assurance de mes sentiments les meilleurs.

Françoise : Et on indique notre adresse : 194 route St Jean.

Pierre : Et nous, on indique l'adresse du camping.

Vincent : Non, on indique « poste restante ». La poste est à côté.

QUELQUES JOURS APRÈS... CHEZ ISABELLE

5 ***Françoise :*** Pourvu qu'on ait une réponse.

Isabelle : Pas de réponse.

À LA POSTE

6 ***Pierre :*** Pourvu qu'on ait une réponse.

Vincent : Pourvu que ce soit oui.

Le préposé à Pierre : Non il n'y a rien pour vous.

Pierre : Merci au revoir.

Le préposé à Vincent : Non il n'y a rien pour vous.

Vincent : Merci.

LE LENDEMAIN CHEZ ISABELLE

7 ***Françoise :*** Pourvu qu'on ait une réponse...
On a une réponse.

Isabelle qui a lu la réponse : C'est « oui ».

Françoise : Pour moi aussi c'est « oui » !

Isabelle : Pourvu que ce soit « oui » aussi pour les garçons.

À LA POSTE.

Pierre : J'ai une réponse.
Pourvu que ce soit « oui ».

Le préposé à Vincent : Non il n'y a rien pour vous.

Pierre qui a lu la réponse : C'est « oui ».

Vincent : Pour moi pas de réponse.

C'EST LE DÉPART

Françoise : Eh oui ! Les vacances sont finies... !

La grand-mère d'Isabelle : Bon voyage, les enfants.

Pierre et Vincent passent devant la poste...

Le facteur : Il y a une lettre pour vous Monsieur Dubois.

Vincent qui a lu la lettre : Je suis pris aussi ! Je suis pris aussi !
Rattrapons les filles pour leur annoncer la nouvelle.

Vincent : Je suis pris à l'hôtel Campanile à Cannes !

Les deux filles : Chouette, formidable...

Isabelle : C'est formidable ! Comme je suis contente !

Vincent : Et moi donc, je suis très très content.

Françoise : Tout le monde est content.

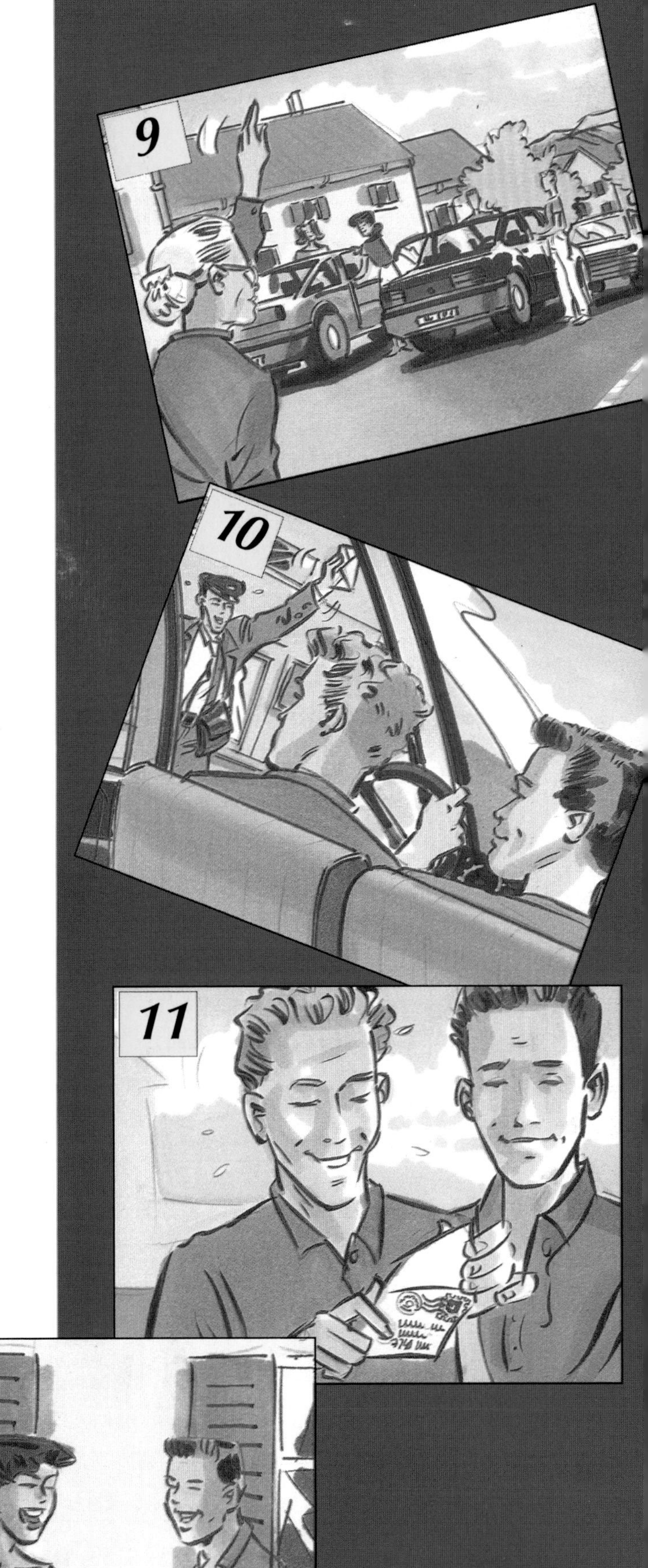

1. Rédiger une lettre

Présentation

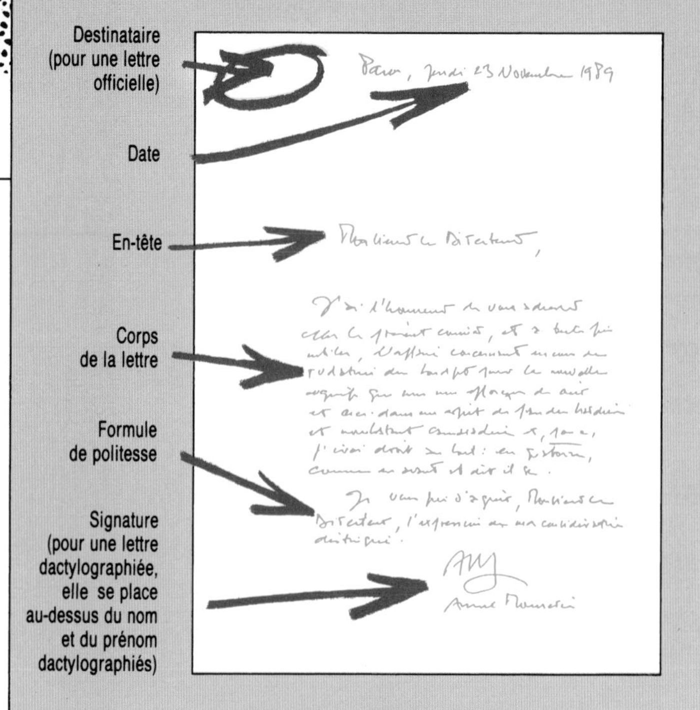

Formules

Rédaction d'une lettre commerciale ou privée

DÉBUT DE LETTRE		
• À UNE PERSONNE INCONNUE	Monsieur, Madame, Mademoiselle,	Messieurs, Mesdames, Mesdemoiselles,
• À UNE SOCIÉTÉ		Messieurs (de préférence à Monsieur)
• À UNE PERSONNE CONNUE Cher Monsieur, Chère Madame, Chère Mademoiselle, **si la personne est bien connue :** Cher Monsieur Bertin, / Chère Madame Bertin, } ou	Chère Françoise, Chers parents, Chers amis,	• À UN PERSONNAGE OFFICIEL (personne dont le titre est connu) Monsieur / Madame / Mademoiselle } + titre de la personne (écrit en entier) Monsieur le Directeur Monsieur le Secrétaire Général, Monsieur le Chef du Personnel, Madame le Docteur,

Formules finales, formules de politesse

DANS UNE LETTRE OFFICIELLE				
Je vous prie de Nous vous prions d(e)	- agréer, - accepter, - croire (à),	Monsieur, Madame, Mademoiselle, + le titre (s'il est connu)	l'assurance de mes sentiments l'expression de mes salutations	distinguées(ées) les meilleurs(res) respectueux(ueuses) dévoués(ées)
Veuillez	- croire (à), - recevoir			
AUTRES FORMULES (à utiliser de préférence dans des lettres commerciales non hiérarchisées)				
	- Agréez, - Acceptez, - Croyez, - Recevez,	Messieurs Monsieur, Madame,	mes sentiments mes salutations	distingués(ées)
À UNE PERSONNE BIEN CONNUE				
	- Croyez,	cher Monsieur, chère Madame, cher Monsieur,	à mes sentiments très cordiaux à mon meilleur souvenir	

À DES AMIS	À DES PARENTS
Bien cordialement Bien amicalement Avec toutes mes amitiés	Affectueusement Grosses bises

2. Le subjonctif : formes

Observez

– Il faut qu'on **écrive.**
– D'accord, on écrit.

– Il faut qu'on **mette** nos références.
– D'accord, on met nos références.

Apprenez

être	avoir	faire	prendre	mettre
que je sois	que j' aie	que je fasse	que je prenne	que je mette
que tu sois	que tu aies	que tu fasses	que tu prennes	que tu mettes
qu'il soit	qu'il ait	qu'il fasse	qu'il prenne	qu'il mette
que nous soyons	que nous ayons	que nous fassions	que nous prenions	que nous mettions
que vous soyez	que vous ayez	que vous fassiez	que vous preniez	que vous mettiez
qu'ils soient	qu'ils aient	qu'ils fassent	qu'ils prennent	qu'ils mettent

aller	savoir	boire	pouvoir	dire
que j' aille	que je sache	que je boive	que je puisse	que je dise
que tu ailles	que tu saches	que tu boives	que tu puisses	que tu dises
qu'il aille	qu'il sache	qu'il boive	qu'il puisse	qu'il dise
que nous allions	que nous sachions	que nous buvions	que nous puissions	que nous disions
que vous alliez	que vous sachiez	que vous buviez	que vous puissiez	que vous disiez
qu'ils aillent	qu'ils sachent	qu'ils boivent	qu'ils puissent	qu'ils disent

travailler	choisir	partir
que je travaille	que je choisisse	que je parte
que tu travailles	que tu choisisses	que tu partes
qu'il travaille	qu'il choisisse	qu'il parte
que nous travaillions	que nous choisissions	que nous partions
que vous travailliez	que vous choisissiez	que vous partiez
qu'ils travaillent	qu'ils choisissent	qu'ils partent

3. Le subjonctif : emplois

a) ON TROUVE LE SUBJONCTIF APRÈS :

Il faut
Je veux
Je voudrais
Il faudrait
} **que ...**

ou { **Pourvu que... !**
(pour exprimer un souhait)

Transformez

Conseils d'amis :

Tu ne dors pas assez ! — Il faudrait que tu dormes plus !
Tu ne manges pas assez de fruits ! — ....
Tu ne vas jamais à la campagne ! — ....
Tu ne fais pas assez de sport ! — ....

Tu bois trop ! — Il faudrait que tu boives moins !
Tu travailles trop ! — ....
Tu sors trop ! — ....
Tu fumes trop ! — ....

Un médecin donne les mêmes conseils à un patient.
Vous ....

Développez les annonces suivantes en énumérant les conditions nécessaires pour obtenir l'emploi proposé

il faut { que le candidat ou la candidate...
que vous ...

Utilisez les verbes « avoir, être, parler, savoir »

Répondez à ces annonces

b) POURVU QUE...

Complétez les phrases suivantes en mettant le verbe au subjonctif

(faire)	Nous partons en vacances. Pourvu qu'il ..... beau !
(pouvoir)	J'attends Patrick. Pourvu qu'il ..... venir !
(être)	Nous avons acheté un cadeau à Mathilde. Pourvu qu'elle ..... contente.
(avoir)	Isabelle et Françoise partent en voiture. Pourvu qu'elles n'..... pas trop de circulation !
(arriver)	Il y a des embouteillages. Pourvu que nous ..... à l'heure à la gare !
(avoir)	C'est un péage automatique. Pourvu que nous ..... assez de pièces !

Que peuvent-ils souhaiter ? Imaginez ce que pensent

- les parents
- les enfants

en utilisant « pourvu que... », « pourvu que... ne... pas... ! »

1. LA POSTE

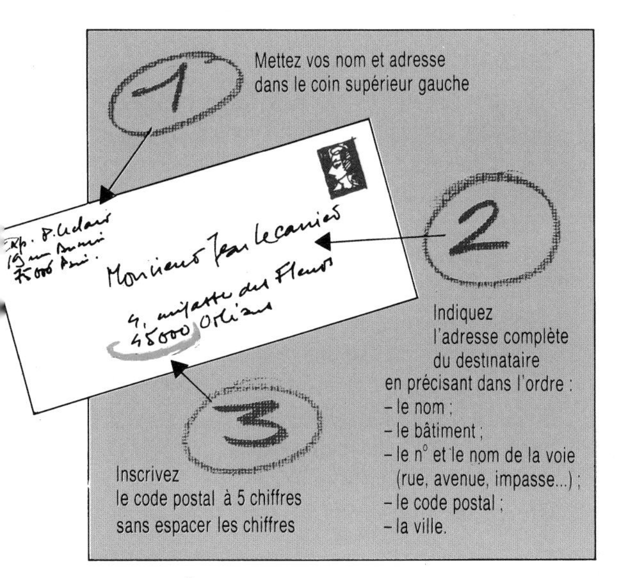

L'enveloppe

Remarques

- Les mots :
  rue, avenue, commencent par une minuscule.
- Abréviations :
  - boulevard bd.
  - avenue av.
  - place pl.
  - square sq.

- N'oubliez pas :
  le code postal (75017)
  le CEDEX des entreprises (il figure dans le code postal distribué gratuitement par les bureaux de poste).

La poste restante

Si vous n'avez pas d'adresse fixe en France, vous pouvez faire adresser votre courrier dans un bureau de poste que vous choisissez à l'avance, en « poste restante ». Vous retirez votre courrier au guichet, en présentant une pièce d'identité. Vous repayez le prix d'un timbre à moins que la lettre n'ait été affranchie deux fois.

Les bureaux de poste

Ils sont généralement ouverts de 8 h à 19 h sans interruption, du lundi au vendredi, et de 8 h à 12 h le samedi matin.
Dans quelques grandes villes, certains peuvent être ouverts plus tard le soir et le week-end. À Paris, la « Grande Poste » (52 rue du Louvre, 1er arrondissement) est ouverte 24 h sur 24 h, dimanches et jours fériés compris.
Dans les bureaux de poste, vous pouvez effectuer toutes opérations telles que l'envoi de courrier, colis, mandats, télégrammes, acheter des timbres, téléphoner, obtenir de l'argent liquide en échange de vos eurochèques, etc.

2. LE PRIX DES TIMBRES

Les tarifs postaux

Il y a deux régimes :
- le régime intérieur
- le régime international

Pour le régime intérieur, vous avez le choix entre le *tarif « lettre »* (2,30 F pour une lettre de moins de 20 g), le plus rapide (le courrier arrive le lendemain) et le *tarif non urgent* (2,10 F) avec lequel votre correspondant reçoit la lettre dans la semaine.

Entraînez-vous

Vous envoyez une lettre au Portugal. Demandez le timbre qui convient.

Le régime international

LETTRES ET PAQUETS AFFRANCHIS AU TARIF DES LETTRES

POIDS EN GRAMMES	RÉGIME GÉNÉRAL	CANADA	ALLEMAGNE (RF) LUXEMBOURG	BELGIQUE DANEMARK GRANDE-BRETAGNE PAYS-GNE PAYS-BAS IRLANDE	ITALIE SAINT-MARIN	AUTRICHE ESPAGNE GRÈCE LIECHTENSTEIN PORTUGAL SUISSE	RÉGIME PARTICULIER
0 à 20	3,60	2,20	2,20	2,20	2,20	2,50	3,60
20 à 50	6,00	5,00	3,70	6,00	3,70	6,60	5,50
50 à 100	8,00	7,00	8,00	8,00	5,60	8,00	7,20
100 à 250	15,00	14,00	15,00	15,00	15,00	15,00	15,00
250 à 500	28,00	27,00	28,00	28,00	28,00	28,00	19,00
500 à 1 000	49,00	44,00	49,00	49,00	49,00	49,00	26,00
1 000 à 2 000	80,00	69,00	80,00	80,00	80,00	80,00	35,00

3. PETITS BOULOTS ou PREMIERS EMPLOIS

« Petits boulots » :

Animateur ou marchand de hamburger, vendangeur ou aide familiale, les « petits boulots » ne manquent pas. Voici quelques pistes...

Animateur

Chaque année, les 23 000 camps ou centres de vacances, pour encadrer les millions d'enfants ou d'adolescents dont ils ont la charge, embauchent des milliers d'animateurs. Alors, si vous parlez convenablement le français, si vous avez plus de 17 ans et si les enfants ne vous font pas fuir, vous aurez un job assuré.

Baby-Sitter

Autre « job » pour tous ceux qui aiment « ces chères têtes blondes » : la garde d'enfants, que l'on appelle ici baby-sitting. Dans les CIJ et les CROUS, mais également dans les boulangeries et autres commerces, les annonces recherchant une garde, si elles ne fleurissent pas, apparaissent de temps à autre. Un job très prisé par les étudiants et que l'on ne quitte plus quand on a une bonne relation avec les parents d'un bébé pas trop pleurnichard. Des agences privées recrutent également des gardes d'enfant. Environ 25 francs de l'heure.

Quelques adresses réservées aux étudiants :

Alliance Française, 101, boulevard Raspail, 75006 Paris. Tél. : 45.44.38.28.

American Center, 1, place de l'Odéon, 75006 Paris. Tél. : 46.33.48.85.

Au pair

Aide familiale au pair : un autre travail presque exclusivement féminin. Activité qui présente beaucoup d'avantages pour le jeune étranger qui souhaite se perfectionner dans la langue française.
L'aide s'engage pour une durée comprise entre 3 mois et un an à rendre des services à sa famille d'accueil (quelques heures de travail ménager par jour et garde d'enfant 5 heures maximum). En contrepartie, le jeune est nourri/logé, touche une rémunération mensuelle de 1 300 francs environ et suit des cours de français dans un établissement spécialisé. Pendant son contrat, l'aide familiale bénéficie de deux semaines de congés rétribuées. Pour bénéficier de ce statut au pair, il faut être âgé de 16 ans au moins et de 30 ans au plus.

Une adresse :

* **Accueil familial des jeunes étrangers**, 23, rue du Cherche Midi, 75006 Paris. Tél. : 42.22.50.34.

Entraînez-vous

Vous écrivez à un organisme pour demander du travail. Vous vous présentez et vous dites quel travail vous cherchez.

Quel est le principal critère entrant dans le choix de votre premier emploi ?

1.	Le secteur d'activité	24,5
2.	Les perspectives de carrière	16,6
3.	L'ouverture internationale	15,4
4.	Le dynamisme de l'entreprise	11,5
5.	« C'est une bonne formation »	11,3
6.	« C'est une bonne carte de visite »	8,3
7.	L'ambiance de l'entreprise	5
8.	Le salaire	2
9.	Un stage effectué dans l'entreprise	1,6
10.	Une rencontre avec un cadre de l'entreprise	0,8
11.	La sécurité de l'emploi	0,6
12.	La personnalité du dirigeant	0,5
13.	« On peut y faire toute sa carrière »	0,2
14.	Les résultats financiers de l'entreprise	0,2
15.	Autres motivations (situation géographique, etc.)	0,2
	Ne sait pas	1,3

Entraînez-vous

Et vous, comment avez-vous choisi ou comment choisirez-vous votre premier emploi ?

Agrippine

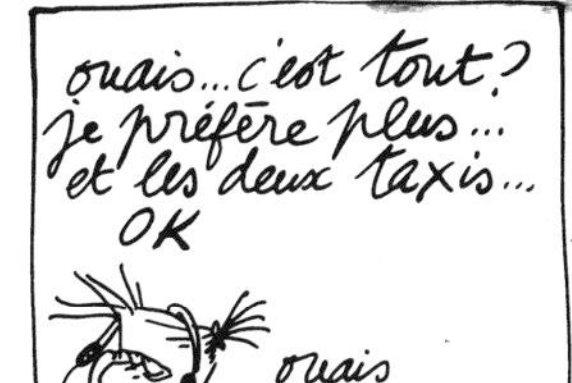

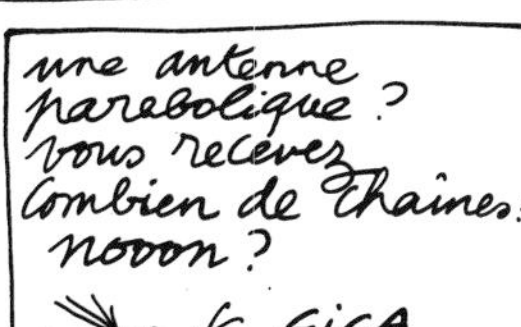

Attention :

baby-sitterais : ferais du baby-sitting ; **Giga :** expression utilisée par les adolescents d'aujourd'hui = formidable ; **c'est galère :** c'est trop dur ; **môme :** enfant.

Entraînez-vous

Imaginez ce que dit l'interlocuteur de la jeune fille.

TESTS

1 *Françoise écrit*
- *à ses parents pour raconter brièvement ses vacances*
- *à son directeur pour demander une attestation de stage*

Imaginez chacune des lettres

2 *Complétez les phrases suivantes en mettant les verbes au subjonctif*

(mettre)	Tu as froid ? Vous avez froid ?	Il faut que tu .... un pull plus doux. Il faut que vous ....
(aller)	Tu es fatigué. Vous êtes fatigué. Il est fatigué.	Il faut que tu .... voir un médecin. Il faut que vous .... Il faut qu'il ....
(être)	J'aimerais qu(e)	vous .... là demain à 19 heures. tu .... il ....
(faire)	J'aimerais bien qu(e)	tu .... un peu de sport. vous .... elle ....

Reprenez les mêmes conseils en utilisant « il faut que... », « il faudrait que... »

Bois Buvez	} de l'eau.	....
Prends Prenez	} des vacances.	....
Choisis Choisissez	} des vêtements plus chauds.	....
Dis-moi Dites-moi	} à quel moment { tu pars vous partez	....

3 *Offres d'emploi. Écoutez et complétez la grille suivante*

	Travail demandé	Lieu	Période
1re annonce	....	....	....
2e annonce	....	....	....
3e annonce	....	....	....
4e annonce	....	....	....

4 *Répondez à ces petites annonces*

CHAMPION !

20e épisode

SUR LA PLANCHE À VOILE

La monitrice à un élève : Redresse le dos... Non pas comme ça... Les épaules en avant... C'est bien ça... Les bras bien pliés, les jambes pliées aussi. Les épaules en avant, redresse le dos... C'est bien ça... Tes bras... C'est bien. Non pas comme ça, pas comme ça ta tête...

Françoise : Alors Vincent, en forme ?

Vincent : Oui, oui. Que fais-tu ?

Françoise : Je vais servir à table et toi ?... C'est bientôt ton heure de repos ?

Vincent : Oui, c'est bientôt mon heure de repos... Je vais faire de la planche à voile... Pourquoi ris-tu ?

Françoise : Pour rien... Si tu veux tout à l'heure après le travail on peut faire une partie de tennis.

Vincent : Si tu veux...

Françoise : À tout à l'heure.

Vincent : À tout à l'heure.

AU BAR

Françoise et la monitrice regardent Vincent...

Vincent (à lui-même) : Les bras bien pliés, les jambes aussi... On avance les épaules, on redresse le dos.

La monitrice : Il est très mauvais.

Françoise : Il est nul vous voulez dire.

Françoise à Vincent qui sort de l'eau... : Alors l'eau n'est pas trop froide ?

La monitrice : C'est une nouvelle méthode ; il faudra nous l'apprendre.

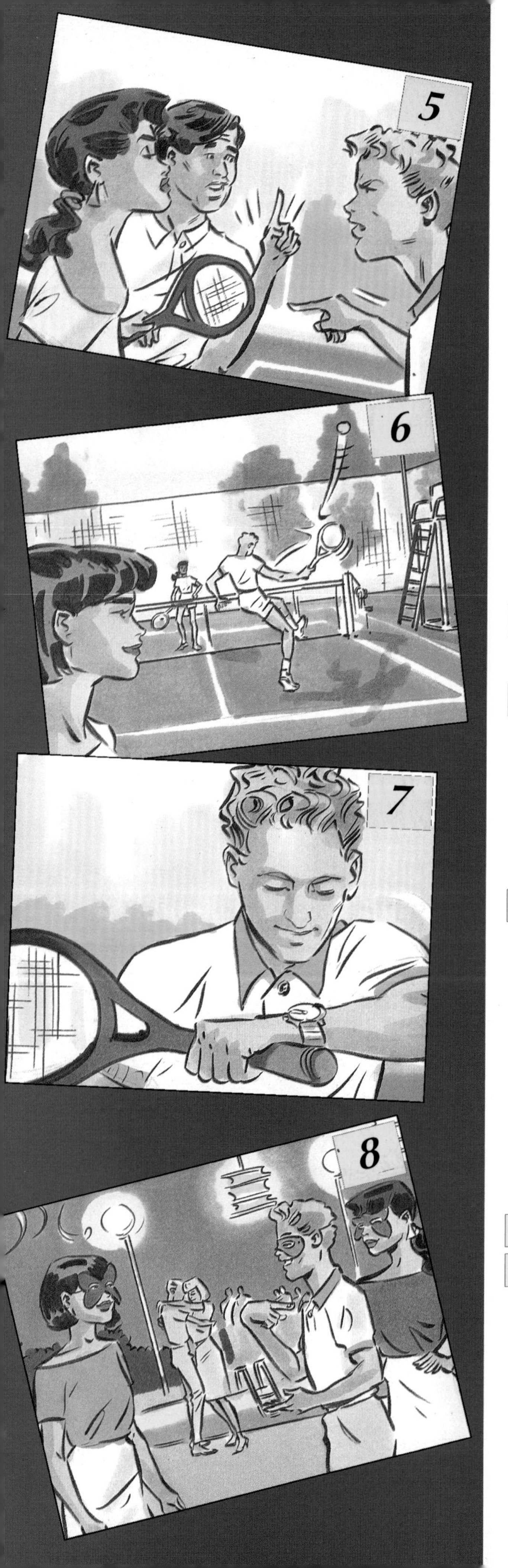

5 ***SUR UN COURT DE TENNIS DEVANT LA MONITRICE***

Vincent : Ta balle est sortie.

Françoise : Ce n'est pas vrai.

Vincent : Elle est sortie ici.

Françoise : C'est faux.

Vincent : Tu es mauvaise joueuse.

Françoise : Elle était bonne !

Un témoin : Oui, en effet.

Françoise : Elle n'est pas sortie, n'est-ce pas ?

Le témoin : Non c'est exact, elle n'est pas sortie.

Vincent : Vous êtes tous contre moi.

Le témoin : Jouez, il ne vous reste que cinq minutes.

6 ***Françoise à Vincent :*** Prêt ?

Vincent : Oui, oui.

7 ***Vincent :*** Il est l'heure, il faut que j'aille me préparer pour la soirée...

Françoise : Ah oui, on danse ce soir. Tu sais danser Vincent ?

Vincent : Oui, oui...

8 ***SOIRÉE DANSANTE***
(les invités sont masqués...)

Françoise à Vincent qui regarde une jeune fille : Tu la trouves jolie ?

Vincent : Oui, elle est belle.

Françoise : Eh bien invite-la à danser.

Vincent : Pourquoi pas ?

Vincent à la jeune fille : Tu danses ?

La jeune fille : Oui.

9 ***Vincent :*** Tu es ici depuis longtemps ?

10 ***La jeune fille :*** Depuis un mois. Et toi, tu es là depuis longtemps ?

Vincent : Depuis une semaine.

La jeune fille : Tu t'y plais ?

Vincent : Oui, je fais beaucoup de sport.

La jeune fille : Lesquels ?

Vincent : Je fais du tennis, de la planche à voile, de la plongée.

La jeune fille : Tu es bon ?

Vincent : Oui. Je suis assez bon. Le sport c'est ma passion. J'en fais toute l'année.

La jeune fille : Lesquels ?

Vincent : Je te l'ai dit.

La jeune fille : Ah oui : du tennis, de la planche à voile, de la plongée. Lequel préfères-tu ?

Vincent : La planche à voile, c'est vraiment le sport que je préfère. À la fac, j'en fais beaucoup. J'ai gagné quelques courses.

La jeune fille : Et le tennis ?

Vincent : Oui, je suis assez bon.

La jeune fille : Tu es classé ?

Vincent : Oui, oui. Je fais des tournois.

La jeune fille : Pourquoi fais-tu du sport ?

Vincent : J'en fais parce que j'aime ça.

La jeune fille : Et la plongée ?

Vincent : Oui, j'en fais pas mal, mais ici on ne peut pas chasser les poissons.

La jeune fille : Non, c'est interdit de chasser.

Vincent : Et toi tu fais du sport ?

La jeune fille : Oui, je fais du sport.

Vincent : Lesquels ?

La jeune fille : Un peu de tout. Je fais du tennis, de la planche à voile. Comme toi.

Vincent : Tu es forte ?

La jeune fille : Moyenne.

L'animateur : Et maintenant retirez les masques.

La jeune fille enlève son masque : c'est la monitrice !

Françoise : Alors Vincent tu danses ?

Vincent : Oui, oui...

1. Je fais du sport

Observez

Dites – le sport que vous pratiquez
– le sport que vous aimez

– Qu'est-ce que tu fais comme sport ?
– Moi, je fais **du** tennis.
– Et la natation, tu n'aimes pas ça ?
– Si, mais je n'ai pas le temps d'**en** faire.

Observez

– On joue au tennis ?
– D'accord, on joue au tennis.

Remplacez

« tennis » ⟶ « basket, football, volley-ball, escalade ».

2. Lequel, laquelle (rappel)

Observez

– Nous avons deux menus : un menu à 85 F et un menu à 120 F. **Lequel** choisissez-vous ?
– Voyons, moi je prends le menu à 120 F. Et toi, Paul ?
– Moi aussi, le menu à 120 F.

– Vous faites plusieurs sports ?
– Oui Monsieur.
– **Lesquels ?**
– De la planche à voile et du tennis.

– Nous avons des oranges du Maroc, et des oranges d'Espagne. **Lesquelles** prenez-vous ?
– Attendez... Les oranges d'Espagne. Elles sont moins chères !

NOTEZ BIEN

	masculin	féminin
singulier	lequel	laquelle
pluriel	lesquels	lesquelles

Observez

– Ces deux robes vous vont très bien. **Laquelle** choisissez-vous ?
– Eh bien, écoutez... je crois que je vais prendre les deux.

Remplacez

robe ⟶ pull, chemisier, manteau, blouson, chemise...

3. Qui... / Que ...

Trouvez trois noms

	1	2	3
– de fruits	....	....	....
– de viandes	....	....	....
– de couleurs	....	....	....
– de sports	....	....	....
– de voitures	....	....	....

En utilisant ces noms, faites des dialogues sur le modèle

– Vous aimez les pommes ?
– Oui, c'est même le fruit **que** je préfère.
– Non, c'est un fruit **que** je n'aime pas beaucoup.

– Vous aimez le tennis ?
– Oui, c'est même le sport **que** je préfère.
– Non, c'est un sport **que** je n'aime pas beaucoup.

4. Jeu : vrai ou faux ?

Observez

– Qui a gagné le simple messieurs aux Championnats internationaux de France de tennis à Roland Garros en 1987 ?
– Je crois que c'est Lendl.
– C'est exact, Monsieur. Vous avez gagné...

– Qui a gagné la course transatlantique en solitaire en 1978 ?
– Michaël Birch.
– Non monsieur, c'est faux. Michaël Birch était second. C'est Eric Tabarly.

Commentez de la même manière les réponses suivantes en corrigeant celles qui sont fausses

– Dans quelle région se trouve la ville de Lyon ?
– En Bretagne.
– ....

– Quel est le sport le plus pratiqué par les Français ?
– La voile.
– ....

– Quel est le personnage célèbre qui est représenté sur le billet de 200 F ?
– Pascal.
– ....

– La Tour Eiffel est-elle plus élevée que la Tour Montparnasse ?
– Non, elle est moins élevée.
– ....

– La choucroute est un plat de quelle région ?
– C'est un plat alsacien.
– ....

– Quelle est la région la plus ensoleillée de France ?
– Le Sud-Ouest.
– ....

5. Entraînez-vous

Quels dessins illustrent
– le service
– le coup droit
– le revers

Décrivez la position du corps dans le revers.

6. Équipez-vous

Vous voulez faire
- du ski
- du tennis
- de la voile.

Choisissez votre tenue et vos accessoires

Pour ....., il faut ....
Combien cela vous coûte-t-il ?

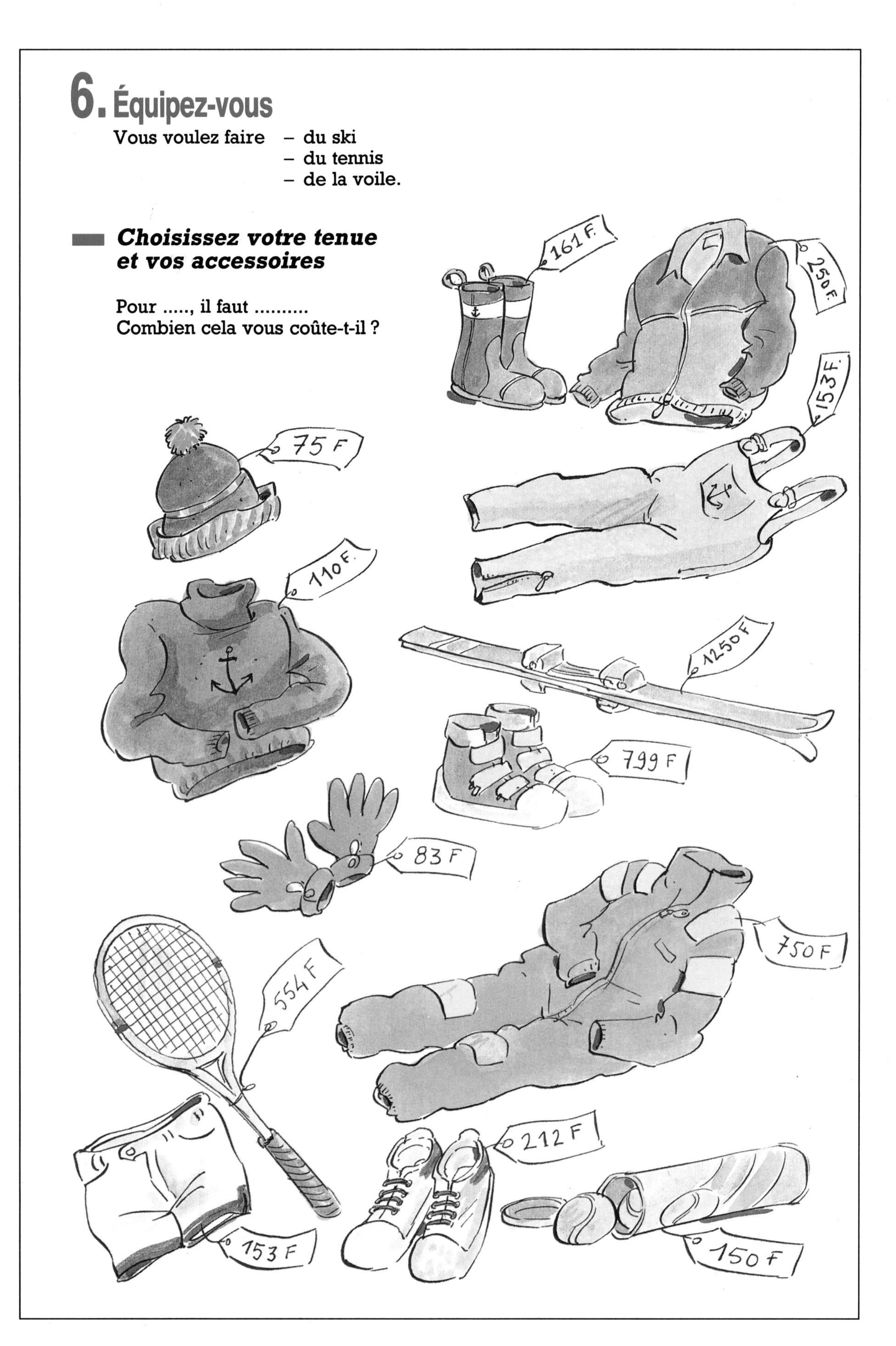

1. LES FRANÇAIS ET LE SPORT

Commentez le tableau suivant :

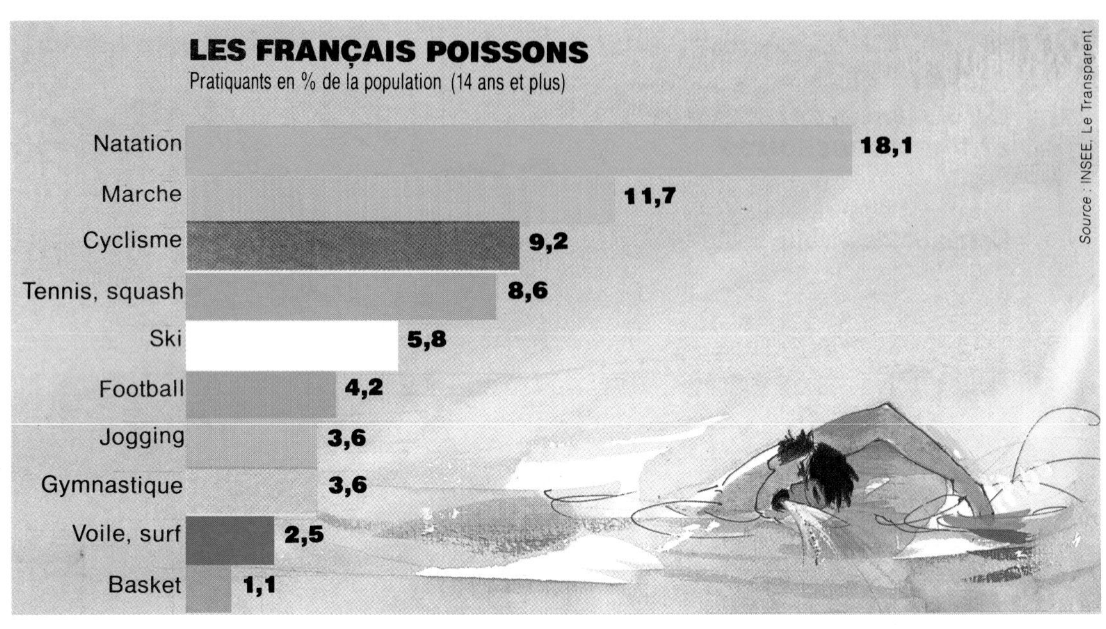

– 18 % des français font ....
– Les Français font plus de......... que de ....

2. LE TENNIS

Comment compter les points

- Pour gagner un match, il faut gagner deux « sets ». Un set comprend six « jeux ». Un jeu comprend quatre points.
- On ne compte pas les points 1, 2, 3, 4, mais ainsi : 15, 30, 40, jeu. Si les deux joueurs en sont à 40/40, il faut avoir deux points de plus que l'autre pour gagner : le premier point donne l'avantage, le second donne le jeu.
- Quand on a gagné six jeux, on a une « manche » ou un « set ». Mais il faut avoir deux jeux de plus que l'adversaire. Quand on a gagné deux sets, on est vainqueur du match.

Dans un grand championnat, il faut gagner trois sets.

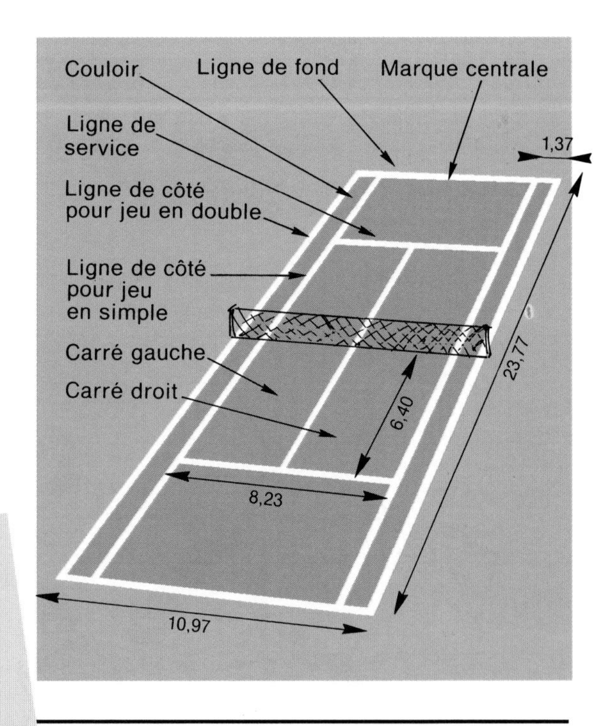

Entraînez-vous

Pouvez-vous énoncer les règles du jeu d'autres sports que vous connaissez ?

Par exemple, le football, le basket, le rugby, le volley.

3. COMPTES RENDUS SPORTIFS

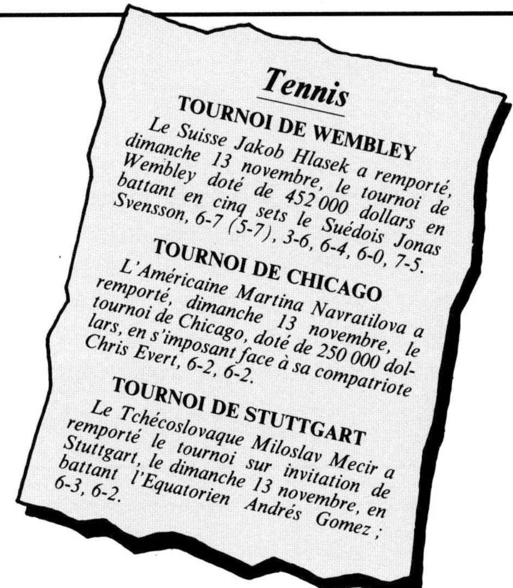

Tennis

TOURNOI DE WEMBLEY

Le Suisse Jakob Hlasek a remporté, dimanche 13 novembre, le tournoi de Wembley doté de 452 000 dollars en battant en cinq sets le Suédois Jonas Svensson, 6-7 (5-7), 3-6, 6-4, 6-0, 7-5.

TOURNOI DE CHICAGO

L'Américaine Martina Navratilova a remporté, dimanche 13 novembre, le tournoi de Chicago, doté de 250 000 dollars, en s'imposant face à sa compatriote Chris Evert, 6-2, 6-2.

TOURNOI DE STUTTGART

Le Tchécoslovaque Miloslav Mecir a remporté le tournoi sur invitation de Stuttgart, le dimanche 13 novembre, en battant l'Equatorien Andrés Gomez ; 6-3, 6-2.

Sports équestres

COUPE DES NATIONS À TORONTO

La France a remporté, samedi 12 novembre, la Coupe des nations du CSIO de Toronto. L'équipe de France était composée de Hubert Bourdy, Hervé Godignon, Philippe Rozier et Henri Prudent. Au classement général de la Coupe des nations, la France se classe première devant la Suisse et la Grande-Bretagne.

Entraînez-vous

Trouvez à partir de ces différents comptes rendus, des synonymes aux mots et expressions suivants :

- **Marseille a gagné le match contre Nice**
- **Au championnat, la France arrive première.**

4. STAGES

Entraînez-vous

- **Vous vous inscrivez à un stage de l'UCPA. Faites votre choix. Amusez-vous à remplir le formulaire.**
- **Vous vous inscrivez par téléphone. Imaginez la conversation.**

Printemps-Automne

du 18 avril au 1er juillet 1988

5 jours du lundi au vendredi - à partir de 14 ans (possibilité de prendre le repas de midi au centre, avec supplément).

Planche à voile - initiation/perfectionnement : **660 F**
Dériveur/Catamaran (mixte 420 - catamaran) : **785 F**

du 29 août au 06 octobre 1988

5 jours du lundi au vendredi - à partir de 14 ans (possibilité de prendre le repas de midi au centre, avec supplément).

Planche à voile (initiation/perfectionnement) : **630 F**
Dériveur (initiation/perfectionnement) : **660 F**
Catamaran (connaissances en voile demandées) : **785 F**

Bulletin d'inscription

INDIQUER VOTRE EXPÉRIENCE DANS LES ACTIVITÉS NAUTIQUES SUIVANTES

	Planche	Dériveur	Cata	Opti	320
Aucune pratique	□	□	□	□	
1 semaine de pratique	□	□	□	□	□
2 semaines de pratique	□	□	□	□	□

LA PRÉSENTE DEMANDE D'INSCRIPTION POUR LA OU LES SEMAINES

du lundi ....

au vendredi ....

je verse 100 F d'arrhes par personne et par semaine pour réservation. Soit un montant total de..............................
....

DATE :...

SIGNATURE :

5. LES PETITS PORTS FRANÇAIS (côtes françaises)

À l'embouchure de la Rance, se trouve **Saint-Malo**, célèbre par ses remparts qui datent du XVIe et du XVIIe siècle. Du XVIe au XIXe siècle, les corsaires malouins firent la guerre aux Anglais. Saint-Malo fut aussi la patrie de Chateaubriand. La ville en partie détruite pendant la seconde guerre mondiale, a été reconstruite.

Bonifacio est construite dans le calcaire. Dominée par la ville haute, la Marnie est la partie la plus vivante, d'où l'on s'embarque pour visiter les grottes et admirer les falaises. À l'extrémité Ouest de la presqu'île, la citadelle fut construite au XIIIe siècle par les Génois. Napoléon Bonaparte, le Corse le plus célèbre, y séjourna au début de 1793.

La Rochelle est un grand port de pêche. Les protestants s'y installèrent dès 1554 et en firent presque une république indépendante, dont le cardinal Richelieu finit par triompher en 1628. La ville est connue pour ses tours des XIVe et XVe siècles et pour son hôtel de ville Renaissance.

Au cœur de la Camargue, **Sainte-Marie-de-la-Mer** est connue pour son église fortifiée, ses pèlerinages (dont celui des gitans, organisé en mai) et ses couchers de soleil.

Entraînez-vous

Localiser ces ports sur une carte de France

6. LES GRANDS NAVIGATEURS

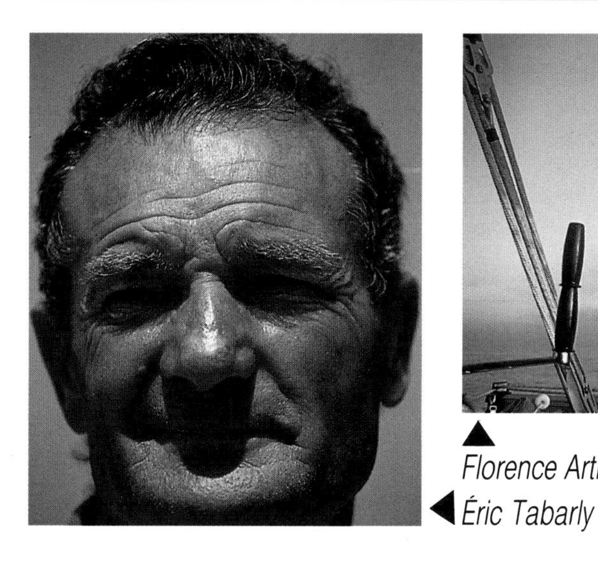

▲ Florence Arthaud

◀ Éric Tabarly

7. LA VOILE

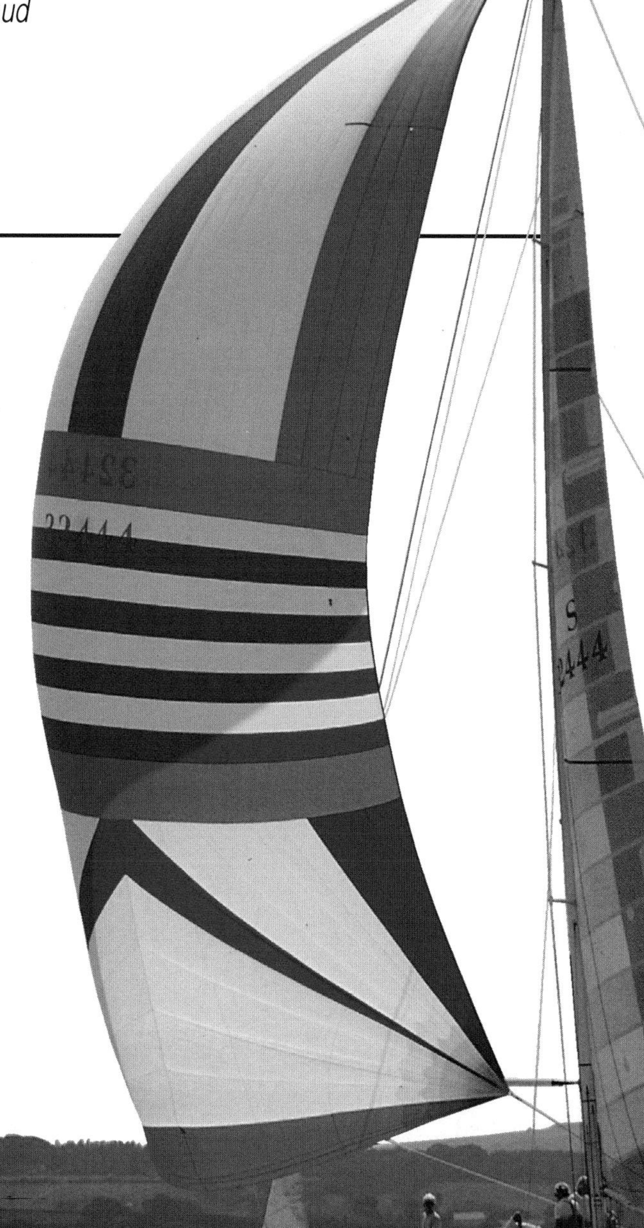

Carnet de bord des grands rendez-vous nautiques de l'été

Départ du Tour de France à la voile à Dunkerque le 9 juillet à 8 h.
Le 17 juillet, arrivée à St-Malo après avoir passé Dieppe, Courseulles, Cherbourg et Granville. Le tour de la Bretagne finira à Pornichet le 26 juillet. Puis direction Arcachon. Les équipiers passeront enfin en Méditerranée le 31 juillet, et arriveront à Menton le 10 août.
Autre grand rendez-vous, le championnat de France des catamarans. Il se déroulera à Port-Barcarès du 13 au 18 août.
Et pour les amateurs de sensations fortes, championnat de France de planche à voile à Carnac du 21 au 27 août.

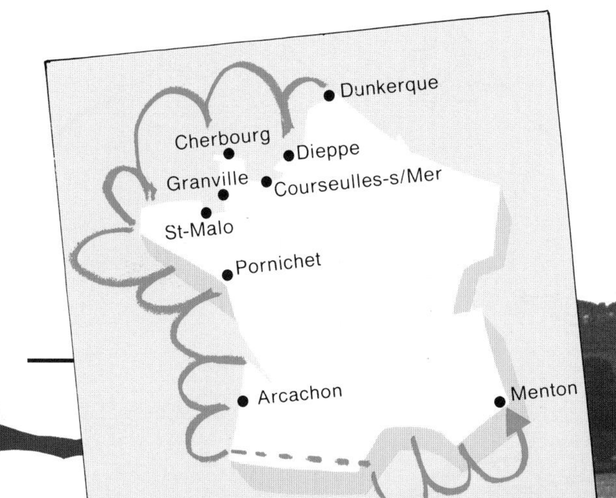

TESTS

1 *Complétez les phrases avec les noms des sports proposés*

Tu aimes ... ?

Vous faites ... ?

On joue ... ?

2 *Complétez les phrases avec les parties du corps proposées*

Redresse... !

Plie... !

J'ai mal... !

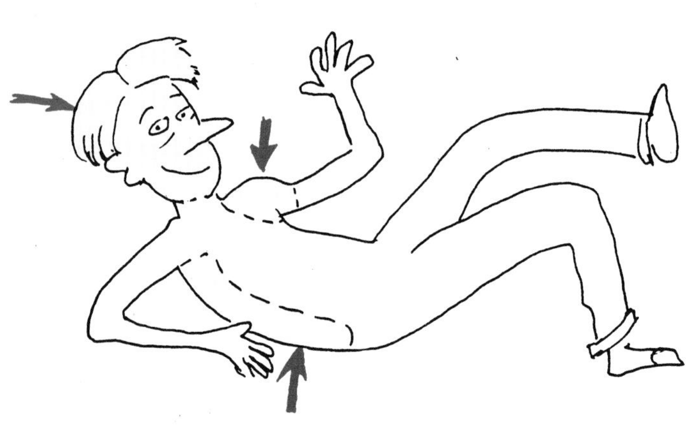

Décrivez la position de ce skieur

3 Complétez les phrases avec des mots interrogatifs

.... raquette
.... gants
.... chaussures
.... maillot
.... bonnet
.... skis
} préférez-vous ?

4 Écoutez et remplissez cette grille

Auxerre	.....	Marseille	.....
Nantes	.....	Cannes	.....
Montpellier	.....	St-Etienne	.....
Toulon	.....	Laval	.....
Toulouse	.....	Strasbourg	.....

5 Complétez avec le qualificatif qui convient

La natation c'est le sport ..... les Français pratiquent le plus.
..... est le plus pratiqué en France.

La Provence est la région ..... est la plus fréquentée.
..... les Français fréquentent le plus.

C'est bien le bus ..... va au Trocadéro ?
..... tu prends pour aller au Trocadéro ?

6 Retrouvez les expressions qu'on peut utiliser

pour dire qu'une chose est vraie

....
....
....

pour dire qu'une chose est fausse

....
....
....

LE COLLOQUE

21e épisode

– *Cette année, à la fin de notre congrès, il n'y aura pas de bal.*

À L'HÔTEL CONCORDE

Le chef du personnel : Il va y avoir un colloque sur l'avenir de la télévision à l'hôtel Campanile, près de Cannes. Vous devez partir tous les deux ce soir. Françoise, et vous Vincent, devez y aller pour aider à préparer le colloque.

Vincent : Bien Monsieur le Directeur.

Le chef du personnel : Au revoir et bonne chance.

À L'HÔTEL CAMPANILE

Françoise : Viens m'aider à préparer le colloque...

Vincent : Un instant, je dois finir mon travail sur la plage.

Françoise : N'oublie pas de m'apporter le plan de la salle.

Vincent : Ne t'inquiète pas. J'y ai pensé.

DEVANT LA SALLE DU COLLOQUE

La secrétaire : L'attachée de presse est venue réclamer le plan de la salle. Elle est au bar.

Vincent qui arrive : Voilà le plan.

Françoise : Ah ! Enfin...

AU BAR

L'attachée de presse à ses voisins : Nous allons avoir un bon colloque je pense...

Françoise : Excusez-moi de vous interrompre Madame, voilà le plan de la salle.

L'attachée de presse : Merci mademoiselle.

ENCORE DEVANT LA SALLE DU COLLOQUE

Vincent veut entrer mais il n'a pas de badge.

5 ***L'appariteur à Vincent :*** Vous n'avez pas de badge, vous ne pouvez pas entrer.

6 *Vincent prend un badge qui porte le nom de Jacques Gauthier. Il entre dans la salle...*

DANS LA SALLE DU COLLOQUE

7 ***L'attachée de presse :*** Ah Monsieur Jacques Gauthier, je vous cherchais. Je suis Nicole Valet, attachée de presse du colloque.

Vincent : Enchanté.

L'attachée de presse : Vous permettez que je vous présente Monsieur Benoit, directeur des programmes de télévision.

Monsieur Benoit : Enchanté.

Vincent : Très heureux.

L'attachée de presse : Et Monsieur Jaquin, relations publiques de la société des téléviseurs Thomson.

Monsieur Jacquin : Je suis ravi de vous rencontrer.

L'attachée de presse : Monsieur Gauthier, qui est notre conférencier aujourd'hui.

Monsieur Jacquin : J'ai lu votre article sur « La télévision demain », et je suis bien d'accord avec vous, il faut faire des programmes différents.

Vincent : Oui... Oui...

Monsieur Benoit : Moi je ne suis pas d'accord. Je crois qu'il faut changer tous les programmes.

8 ***L'attachée de presse :*** Nous allons bientôt commencer, vous avez votre discours ?

Vincent : Euh ! non, je l'ai oublié, je vais le chercher.

L'attachée de presse : Inutile, j'en ai une copie, vous devriez aller à la tribune...

Vincent : Je me demande si je ne vais pas relire mon discours avant.

L'attachée de presse : C'est inutile, vous devriez aller à la tribune. Nous allons être en retard.

Vincent à l'attachée de presse : Vous permettez un instant, je voudrais changer une phrase du discours.

L'attachée de presse : Je vous en prie... Vous serez mieux assis à la tribune.

À L'EXTÉRIEUR DE LA SALLE, AVEC JACQUES GAUTHIER !

9 **Jacques Gauthier à Françoise :** Excusez-moi, je suis Jacques Gauthier. Je dois faire un discours au colloque « L'avenir de la télévision ».

Françoise : En effet... mais je n'ai pas votre badge.

Monsieur Gauthier : Voyons, c'est impossible, je suis le conférencier.

Françoise : Il est possible qu'on vous ait oublié.

Monsieur Gauthier : Enfin, c'est impossible.

Françoise : Vous pouvez venir avec moi ?

10 **Françoise à l'appariteur :** C'est Monsieur Gauthier, le conférencier, il n'a pas son badge.

L'appariteur : Il ne peut pas entrer. Vous devriez aller voir l'attachée de presse.

Françoise à Monsieur Gauthier : Vous permettez, je reviens tout de suite.

Monsieur Gauthier : Je vous en prie.

11 À L'INTÉRIEUR DE LA SALLE

Françoise (qui a vu Vincent à la tribune !) : Monsieur Gauthier s'il vous plaît.

Vincent : Oui mademoiselle.

Françoise : Il y a un message pour vous. Veuillez me suivre.

Vincent à ses voisins : Excusez-moi un instant.

12 **Françoise à Vincent :** Tu es fou, donne-moi ce badge !

13 **Françoise à Monsieur Gauthier :** Monsieur Gauthier, j'ai retrouvé votre badge.

Monsieur Gauthier s'installe à la tribune : Merci mademoiselle.

14 **Monsieur Benoit :** La parole est à Monsieur Gauthier.

1. Petit lexique

Si vous voulez prendre ou donner la parole dans une réunion, vous dites :

Si vous interrompez quelqu'un, vous dites :

On vous répond :

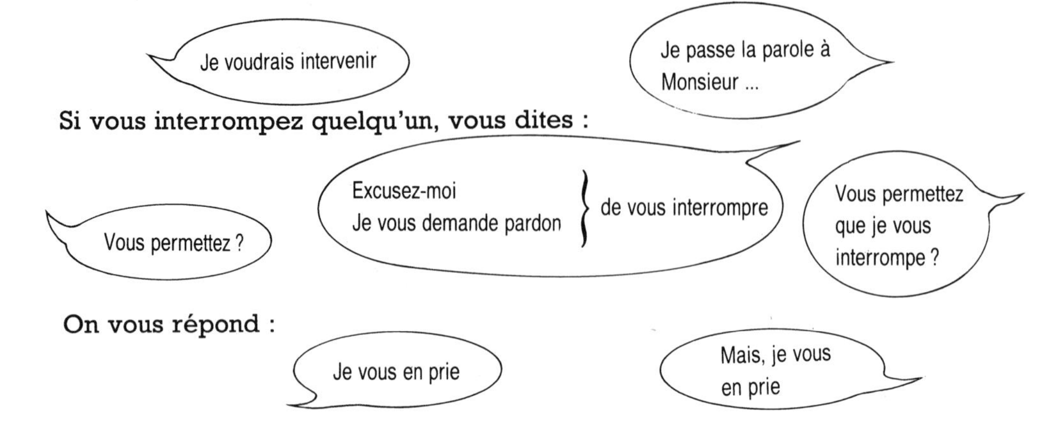

2. Être d'accord / pas d'accord avec l'opinion de quelqu'un

Observez

- Je pense que la télévision française est une télévision de bonne qualité.
- Je ne suis pas tout à fait d'accord avec vous, il faut changer quelques émissions.

- Je ne suis pas d'accord avec vous
- Je ne suis pas du tout d'accord avec vous

} il faut changer toutes les émissions

Que répondez-vous

(vous êtes d'accord, pas d'accord) à quelqu'un qui exprime les opinions suivantes (essayez de justifier votre opinion) :

- En Bretagne, il fait toujours mauvais.
- La Tour Eiffel est un monument superbe.
- Les voyages en avion fatiguent moins que les voyages en train.
- La campagne est plus belle en automne.
- Au bord de la mer, on ne peut rien faire quand il pleut.
- La cuisine française est meilleure que les autres.
- Il est plus agréable de vivre dans un appartement que dans une maison.

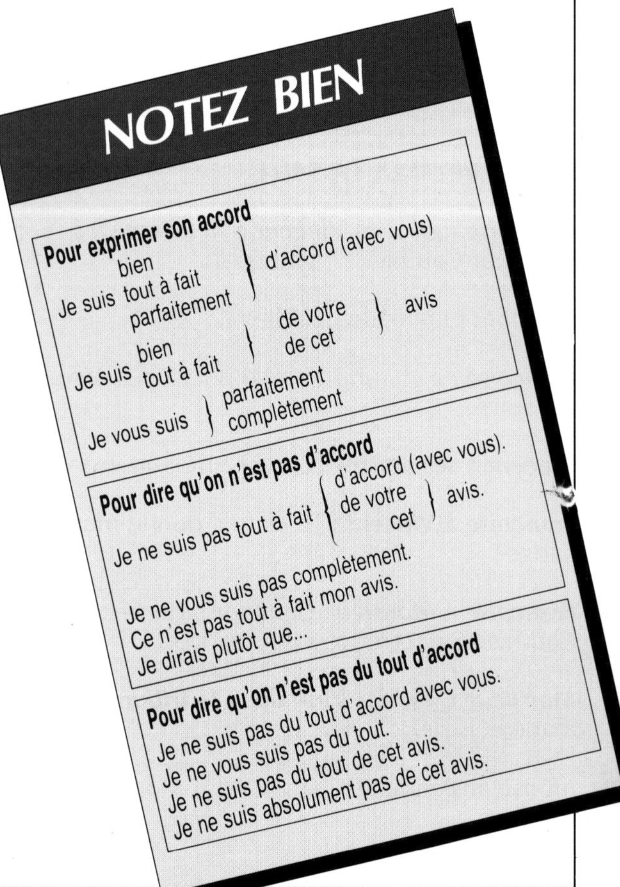
NOTEZ BIEN

Pour exprimer son accord

Je suis bien / tout à fait / parfaitement d'accord (avec vous)

Je suis bien / tout à fait de votre / de cet avis

Je vous suis parfaitement / complètement

Pour dire qu'on n'est pas d'accord

Je ne suis pas tout à fait d'accord (avec vous). / de votre / cet avis.

Je ne vous suis pas complètement.
Ce n'est pas tout à fait mon avis.
Je dirais plutôt que...

Pour dire qu'on n'est pas du tout d'accord

Je ne suis pas du tout d'accord avec vous.
Je ne vous suis pas du tout.
Je ne suis pas du tout de cet avis.
Je ne suis absolument pas de cet avis.

3. Tu devrais... Vous devriez... dire / conseiller à quelqu'un de...

Observez

Chez le médecin :

Hélène : Docteur, je me sens très fatiguée.
Le médecin : À mon avis, **vous devriez** partir en voyage. C'est le meilleur médicament.

Hélène (à son mari) : Mon médecin m'a **conseillé** de partir en voyage.
Le médecin (au mari d'Hélène) : Je lui ai conseillé de partir en voyage.

Continuez à donner d'autres conseils, comme :

allez à la mer ⟶ Vous ..... Hélène : Il .....
Le médecin : Je lui .....

allez à la montagne
sortez avec des amis
faites du sport
mangez des fruits et des légumes secs.

Observez et faites des dialogues sur le premier modèle

information	Attachée de presse	Appariteur	Secrétaire de direction
– Pardon, madame. Je n'ai pas de badge. On m'a dit de m'adresser au Bureau Information.	– Pardon, madame, ...	– Excusez-moi, monsieur	– Pardon, madame ......
– Désolée, je ne peux pas vous en donner. Vous devriez demander à l'attachée de presse.	–	–	– ....

4. Penser à ... / Oublier de ...

Observez

– Apportez-moi le plan de la salle.
– N'oubliez pas de m'apporter le plan de la salle.
– Pensez à m'apporter le plan de la salle.

Transformez de la même manière les ordres suivants

– **Préparez la tribune !**
– **Faites une copie du dossier !**
– **Vérifiez les micros !**
– **Apportez des verres et des bouteilles d'eau !**

5. Je me demande / Je ne sais pas / Je viens voir si...

Observez

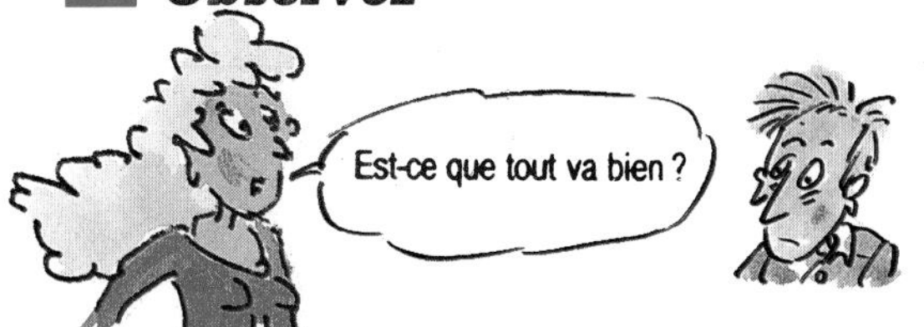

L'attachée de presse **demande** si tout va bien.

L'attachée de presse **se demande** si tout va bien.

Transformez

Est-ce que j'ai mes clefs de voiture ? Je me demande si ....

Est-ce que j'ai pris mon dossier ? Je me demande si ....

Est-ce que le micro va marcher ? Je me demande si ....

Est-ce que j'ai mes lunettes ? Je me demande si ....

Transformez

Le directeur à Françoise :

- Avez-vous pris le plan de la salle ?
- Avez-vous envoyé les invitations ?
- Avez-vous vérifié les micros ?
- Avez-vous préparé les badges ?
- Avez-vous une copie des discours ?
- Avez-vous téléphoné au conférencier ?

Le directeur demande à Françoise.......................................

Françoise est inquiète. Elle se demande si ....

6. Il est possible que + subjonctif

Observez

Le conférencier : Je n'ai pas mon badge.
La secrétaire : Ah, il est possible qu'on vous **ait** oublié.
(= on vous a peut-être oublié)

> **NOTEZ BIEN**
>
> On vous **a** peut-être oublié.
> Il est possible qu'on vous **ait** oublié.
>
> **Il est possible que + subjonctif.**

Transformez les phrases suivantes en utilisant « il est possible que... » (**Attention !** Revoyez le subjonctif des verbes « être » et « avoir »)

Le conférencier n'arrive pas.
Il est peut-être en retard ! Il est possible que ....
Il n'a peut-être pas trouvé de place pour sa voiture !
Il a peut-être oublié !
Il s'est peut-être trompé de jour !

Le conférencier ne trouve plus son discours

a) Il se dit
Je l'ai peut-être oublié à mon bureau. Il est possible que ....
Je l'ai peut-être laissé dans la voiture. Il est possible que ....

b) Sa femme lui dit : Tu l'as .... Il est possible que tu ....

c) Sa secrétaire lui dit : Vous .... Il est possible que vous .....

1. CONSEILS POUR ORGANISER UN CONGRÈS

1. Envoyez des invitations

2. Prévoyez la réponse

3. Confirmez l'inscription

4. Envoyez le programme détaillé, le plan d'accès aux salles, l'adresse où on peut joindre les congressistes pendant le congrès.

5. Prévoyez l'accueil à la gare, à l'aéroport, dans son hôtel, le congressiste doit avoir l'impression qu'il est attendu.

6. Évitez la queue pour les bagages ou les dossiers. Prévoyez plusieurs postes d'accueil.

7. Prévoyez une permanence. Il faut que tous les problèmes qui se posent pendant le colloque puissent être résolus immédiatement.

8. Soyez parfait sur le plan technique. Le micro ne doit pas être muet, les transparents doivent être lisibles.

9. Et n'oubliez pas les tickets repas !

Entraînez-vous

Reprenez quelques-uns de ces conseils sous la forme :
Pour être un bon organisateur, il est conseillé de ....
Une secrétaire rappelle les principes 1, 3, 4 à une nouvelle stagiaire : ....
Vous ....
N'oubliez pas ....

Pendant longtemps, le Palais des Congrès de la Porte Maillot, ouvert en 1975, a été la seule grande salle de Paris, mais dans deux ou trois ans, on comptera dans la capitale un nombre important de salles de 200 à 1 500 places.

Parallèlement pour l'hôtellerie, dès 1970, on a commencé à construire des grands hôtels de chaînes, sous l'impulsion d'Air-France et des Pouvoirs Publics : Concorde Lafayette, Méridien, P.L.M....

Entre 1970 et 1975, le développement s'est poursuivi dans le domaine de l'hébergement, en se diversifiant toutefois : on a vu s'édifier de grands hôtels, mais aussi des établissements de toutes catégories (3 étoiles, 2 étoiles, 1 étoile).

Le parc hôtelier de Paris représente actuellement 105 000 chambres, toutes catégories confondues (1re capacité mondiale), dont 64 000 dans des hôtels homologués. Cette capacité devrait s'accroître de 4 000 à 5 000 chambres d'ici à 1990.

Alain Dagouat directeur du comité parisien des congrès a rappelé que, **depuis 7 ans, Paris était la première ville mondiale des congrès,** tout comme elle occupe la première place dans le domaine des salons où se sont conjugués les efforts de la Chambre de Commerce, de la Ville de Paris, des Pouvoirs Publics.

Revue Ville de Paris, mai 87

2. LES FRANÇAIS ET LA TÉLÉVISION

En 1983, les français ont passé 39,5 milliards d'heures à travailler et 39 milliards à regarder la télévision. Plus de 93 % des ménages sont équipés d'un téléviseur. Ce sont les salariés agricoles et les cadres qui sont les moins équipés avec ... 90 % de taux d'équipement. Il y a parfois plusieurs postes par famille : un poste pour la résidence secondaire, un poste pour les enfants.
Tous les Français regardent la télévision en même temps, et font généralement le même choix, en moyenne 3 h 27 mn par jour. Cette moyenne varie suivant les catégories : 64 % chez les étudiants, 89 % chez les retraités. Mais la télévision vient toujours en tête des pratiques culturelles. Tous les jours, entre 18 h 30 et 22 heures, plus de 54 % des cadres supérieurs sont devant leur écran.
Les trois titres les plus vendus de la presse française sont des hebdomadaires de télévision : Télé 7 Jours, par exemple, est vendu à 3 millions d'exemplaires.

Qui regarde le plus la télévision ?

Quelle est la catégorie sociale la moins équipée en téléviseurs ?

Saviez-vous que les gens du Nord sont les plus gros téléspectateurs français ? La météo n'est sans doute pas innocente dans cette affaire (le taux de chômage non plus), mais l'écart est tout de même surprenant entre un Lillois et un Lyonnais, par exemple ; le second consomme chaque jour, en semaine, une demi-heure de télévision de moins ! Tout est relatif, notre Lyonnais reste tout de même devant son téléviseur trois heures et vingt minutes chaque jour... et beaucoup plus le week-end !

Entraînez-vous

- **Où regarde-t-on le plus la télévision ?**
- **Quelles sont les explications proposées ?**

LA PUBLICITÉ À LA TÉLÉVISION

1. Les coupures gênent 3 Français sur 4

Vous savez que sur certaines chaînes de télévision (TF1, La 5, M6), des spots publicitaires sont diffusés pendant les films ou les émissions. Vous-même, trouvez-vous cela...

	Fév. 88*	Nov. 88
Très gênant	60	**41**
Assez gênant	24	34
Pas très gênant	10	13
Pas gênant du tout	4	11
Ne se prononcent pas	2	1

* Sondage Sofres-Télérama

2. Respectons les films !

Parmi les programmes suivants, quels sont les deux ou trois pour lesquels la diffusion des spots publicitaires vous gêne ou vous gênerait le plus ?

	Fév. 88*	Nov. 88
Un film	67	**70**
Le journal télévisé	41	45
Une émission culturelle (Apostrophe, Le Grand Échiquier, etc.)	26	27
Une retransmission sportive (match de tennis, de foot, etc.)	23	21
Un magazine d'information (L'Enjeu, 7 sur 7, etc.)	28	16
Un concert	23	15
Un téléfilm	non posé	14
Une émission de variétés (Sacrée Soirée, Champs-Élysées, etc.)	14	13
Une série ou un feuilleton (Maguy, Dallas, etc.)	14*	9*

* Total supérieur à 100 % en raison des possibilités de réponses multiples.

3. Un irréductible sur deux...

Vous savez que les chaînes de télévision aident beaucoup au financement des films de cinéma. En revanche, les télévisions y gagnent des recettes, notamment grâce aux publicités qui interrompent les films. Dans ces conditions, est-ce que vous préféreriez dans l'avenir :

	Nov. 88
Qu'il n'y ait pas de coupures, mais en acceptant qu'il y ait moins de films à la télévision	**49**
Qu'il y ait autant de films qu'aujourd'hui à la télévision, mais en acceptant les coupures publicitaires	43
Ne se prononcent pas	8

Répondez, vous aussi, aux questions posées

TESTS

1 *Rappelez-vous*

L'attachée de presse présente le conférencier à M. Benoit, que peuvent-ils dire ?

L'attachée de presse ....

M. Benoit ....

Le conférencier ....

Vous donnez la parole à quelqu'un, vous dites : ....

Vous voulez interrompre quelqu'un, vous dites : ....

Vous voulez prendre la parole, vous dites : ....

2 *Rappelez-vous*

Trouvez 3 façons de dire que vous êtes d'accord.
3 façons de dire que vous n'êtes pas tout à fait d'accord.
3 façons de dire que vous n'êtes pas du tout d'accord.

Exprimez votre opinion sur les affirmations suivantes. Essayez de la justifier

Pour être en forme, il faut faire du sport.
La télévision est mauvaise pour les enfants.
Pour être heureux, on a besoin de beaucoup d'argent.
Il est plus agréable de déjeuner à la cantine que chez soi.
Les spots publicitaires diffusés à la télévision ne sont pas gênants.

Imaginez un dialogue sur chacun de ces sujets entre deux personnes d'opinions contraires

3 *Un de vos amis est fatigué. Quels conseils pouvez-vous lui donner ?*

Tu ....

Cet ami rapporte ce que vous lui avez dit :

Il m'a dit ....

4 *Retrouvez tout ce qu'il faut faire quand on part en voyage*

Il faut ....

Imaginez les conseils qu'on peut donner à quelqu'un qui part en voyage
(utilisez les verbes : penser, oublier, conseiller)

....

Vous partez en voyage. Vous êtes inquiet, que vous dites-vous ?

....

5 *Transformez les phrases suivantes en utilisant « il est possible que... »*

J'irai peut-être en vacances en Bretagne.
Nous ferons peut-être une partie de tennis dans la soirée.
Ne partez pas tout de suite, nous avons peut-être besoin de vous.
Le directeur pense peut-être nous rencontrer demain.
La réponse n'arrivera peut-être pas.
Je prendrai peut-être ma voiture pour partir en vacances.

6 *Commentez le sondage de la page 113*

- À la question 1, ... % des personnes interrogées ont répondu qu(e) ....
- À la question 2, ...
- À la question 3, ...

7 *La télévision et vous*

- Combien de postes de télévision y a-t-il chez vous ?
- Combien de temps passez-vous chaque jour à regarder la télévision ?
- À quel moment de la journée la regardez-vous ?

Comparez les habitudes des Français à celles de votre pays

VISITE D'USINE

22e épisode

DEVANT L'HÔTEL CONCORDE

Vincent qui lit une petite annonce :
THOMSON CSF.
Les anciens élèves de l'école hôtelière de Saint-Germain sont invités à la visite des usines Thomson.

Le chef du personnel : Bonjour Vincent, où courez-vous si vite ?

Vincent : Pardon Monsieur, je suis en retard. Il faut que je sois dans une demi-heure à 20 km d'ici. Je vais visiter les usines de Téléviseurs Thomson avec des élèves de mon école.

Le chef du personnel : Vous n'avez pas beaucoup de temps. Vous y allez comment ?

Vincent : Je ne sais pas, je ne trouve pas de taxi.

Le chef du personnel : Vous savez conduire ?

Vincent : Oui, Monsieur.

Le chef du personnel : Ne vous inquiétez pas. Je vais vous prêter ma voiture. Mais faites attention, elle est neuve.

Vincent : Oui bien sûr, Monsieur, et merci beaucoup.

Le chef du personnel : À mon avis, vous serez à l'usine dans une demi-heure. Bonne route ! Faites attention !

À L'USINE THOMSON

Vincent à ses camarades qui entrent dans l'usine : Attendez-moi, attendez-moi, j'arrive.

DANS LES ATELIERS DE L'USINE

L'ingénieur : Vous êtes tous là...
Bien, la visite va commencer.
Vous êtes ici dans l'atelier de fabrication de nos téléviseurs couleur.

Vincent : Vous en produisez beaucoup ?

L'ingénieur : 3 000 par jour.
Ici, nous sommes devant le robot qui assemble les pièces.

AU RESTAURANT DE L'USINE

5 **L'ingénieur :** Voilà le self où nous déjeunons.
6 Qu'est-ce qui vous ferait plaisir ?
Prenez ce que vous voulez...
Choisissez.

Vincent : Un peu de légumes. Un œuf dur.

L'ingénieur : Et moi je vais prendre des carotte rapées...

Vincent : Du fromage, une orange.

L'ingénieur : Du fromage moi aussi et un gâtea
Vous prenez du vin ?

Vincent : Oui, un peu.

L'ingénieur : Moi aussi...

À la fin du repas.

L'ingénieur : Dépêchons-nous, la visite va reprendre.

DANS LES ATELIERS

7 **L'ingénieur :** Là, ce sont les ouvrières qui achèvent l'assemblage des téléviseurs.
Ici, ce sont les téléviseurs que les ouvrières vérifient.
Là, nous sommes devant une autre chaîne de montage.

8 **Vincent :** Au revoir Monsieur, merci beaucoup, c'était passionnant.

L'ingénieur : Je suis heureux que cette visite vo ait plu.

À L'HÔTEL CONCORDE

Françoise : Alors, cette visite, elle t'a plu ?

Vincent : Oui, pas mal !

Françoise : J'ai une idée formidable pour ce soir. Tu viens avec moi ?

Vincent : Oui bien sûr. Où va-t-on ?

Françoise : Nous allons visiter le musée d'Orsay.

Vincent : !!!

AU MUSÉE D'ORSAY

Le guide : Vous êtes ici dans la salle des impressionnistes...
Dans la galerie du célèbre peintre Pierre Auguste Renoir, dont vous pouvez admirer les tableaux.
Là, nous sommes dans la galerie d'un autre peintre célèbre, Claude Monet.

1. Petit lexique de l'entreprise

Observez Présentation des usines Thomson

	1988	1988/1987
Effectif	104 000 personnes	
Chiffre d'affaires total (en millions de francs)	74 834	+ 24,4 %
Chiffre d'affaires à l'étranger	53 227	+ 44 %

Le directeur présente son entreprise :

Nous employons .... Notre chiffre d'affaires total est de .... pour 1988. Il est donc en hausse de .... par rapport à 1987. Nos ventes à l'étranger ont augmenté de ....

Commentez les tableaux de ces autres entreprises :

Entreprise			
Renault	Effectifs	181 715	
	Chiffre d'affaires total	161 438	+ 9,4 %
	Chiffre d'affaires à l'étranger	83 550	+ 10,5 %
ELF Aquitaine	Effectifs	72 200	
	Chiffre d'affaires total	126 097	− 1 %
	Chiffre d'affaires à l'étranger	78 384	+ 1,8 %.
CGE Compagnie Générale d'Électricité	Effectifs	204 100	
	Chiffre d'affaires	128 000	+ 5 %
	Chiffre d'affaires à l'étranger	73 500	
Michelin	Effectifs	119 827	
	Chiffre d'affaires total	51 820	+ 8,4 %
	Chiffre d'affaires à l'étranger	40 575	+ 13,3 %

2. L'interrogation directe et indirecte (rappel et suite)

a) Observez

Vous exportez beaucoup de téléviseurs ? → Est-ce que vous exportez beaucoup de téléviseurs ?
Exportez-vous beaucoup de téléviseurs ?

Votre entreprise exporte beaucoup de téléviseurs ? → Est-ce que votre entreprise exporte beaucoup de téléviseurs ?
Votre entreprise exporte-t-elle beaucoup de téléviseurs ?

Vous avez produit combien de téléviseurs cette année ? → Combien de téléviseurs avez-vous produits cette année ?

b) Le responsable rapporte les questions du journaliste

Un journaliste m'a demandé ....
lui a demandé ....

Attention ! On vous demande si vous **êtes**...
On vous a demandé si vous **étiez**...

Vous êtes journaliste. Vous posez des questions aux responsables des entreprises citées

Vos goûts :

a) posez des questions avec les éléments suivants

Vous aimez les parfums ? Lesquels ? → Quels parfums aimez-vous ?
Vous allez au cinéma ? Combien de fois par semaine ? → .... ?
Vous aimez voyager ? Dans quels pays ? → .... ?
Vous avez déjà pris l'avion ? Combien de fois dans votre vie ? → .... ?

b) Transformez les autres questions sur le même modèle

Le journaliste m'a demandé ....
lui a demandé ....

Observez

Interrogation directe

Êtes-vous sportif ?
Quels sports pratiquez-vous ?
Combien de fois par semaine les pratiquez-vous ?
Où faites-vous du sport ?
Que portez-vous comme tenue ?

On vous demande **si** vous êtes sportif :
quels sports vous pratiquez.
combien de jours par semaine vous les pratiquez.
où vous faites du sport.
ce que vous portez comme tenue.

3. Qui ... / Que ... / Où

Observez

Cette entreprise produit des téléviseurs. → **C'est** une entreprise **qui** produit des téléviseurs.
Thomson a fabriqué **ces téléviseurs.** → **Ce sont** des téléviseurs **que** Thomson a fabriqués.
Dans cette entreprise, on produit des téléviseurs. → **C'est** une entreprise **où** on produit des téléviseurs.

Transformez les phrases suivantes

Ce modèle plaît beaucoup.
Nous fabriquons ce modèle depuis 10 ans. → C'est un modèle ↗ .... ↘ ....

Les téléspectateurs apprécient beaucoup cette émission
Cette émission parle des aborigènes.
→ C'est une émission ↗ .... ↘ ....

800 ouvriers travaillent dans cette entreprise.
Cette entreprise emploie 800 ouvriers.
→ C'est une entreprise ↗ .... ↘ ....

Transformez de la même manière

Ma grand-mère habitait dans ce village. → C'est un village ....
Nous mangeons souvent ce plat comme entrée.
Nous passons nos vacances dans cette région.
Ce boucher vend de la viande de bonne qualité.
Nous achetons nos légumes dans cette épicerie.
Patrick aime beaucoup ces fruits.
Nous campons souvent sur ce terrain.
Vincent a dormi dans cette tente quand il était enfant.

Transformez le texte en utilisant des relatifs

Ma grand mère nous a loué cette maison → C'est une maison ..
Nous l'aimons beaucoup.
Elle est très agréable, surtout l'été.
Mais nous y venons même l'hiver.

4. Je suis heureux que... (Petit lexique des sentiments)

Observez

- Ça vous a plu ?
- Oui, beaucoup.
- Tant mieux ! Je suis heureux que ça vous **ait** plu.
- Pierre est malade.
- Eh bien, je suis désolé qu'il **soit** malade.

Vous pouvez dire également :

Je me réjouis que ...

Ça me fait plaisir que ...

Je regrette que ...

NOTEZ BIEN

Vous pouvez être (très) heureux, content, ravi — ou au contraire désolé — que + subjonctif

Complétez les phrases suivantes avec une de ces expressions et en mettant le verbe au subjonctif

Je	que tu	nous accompagner au musée (pouvoir)
	que vous	déjeuner avec nous (venir)
	qu'il	deux jours de congés supplémentaires (avoir)
	qu'elle	malade (être)
	qu'ils	à une heure de pointe (partir)
	qu'elles	passer quelques jours ici (ne pas vouloir)

– Nous avons toujours été une société très compétitive.

1. DES ENTREPRISES

Un exemple ... BSN

BSN : RÉSULTATS SEMESTRIELS

Gervais, Danone, Panzani, Festaiola, Sonnen-Bassermann, Amora, Liebig, Maille, HP, Lea & Perrins, Blédina, Gallia, Materne, Lenzbourg, Vandamme, Pie Qui Chante

Bénéfice semestriel en forte croissance à 1 257 millions FF

Au 30 juin 1988, le chiffre d'affaires consolidé s'est établi à 20,7 milliards de francs contre 18,9 milliards de francs à fin juin 1987.
Pour le premier semestre 1988, le bénéfice net a atteint 1 257 millions de francs contre 858 millions de francs en 1987, soit une progression de 46,5 %, confirmant ainsi les estimations provisoires publiées le 22 juillet 1988. Au 30 juin 1988, la marge brute d'autofinancement s'est élevée à 2 104 millions de francs contre 1 808 millions de francs en 1987.
Le résultat opérationnel après amortissements et avant frais financiers et impôts s'est établi à 2 299 millions de francs contre 1 895 millions de francs pour le premier semestre 1987.

La répartition par Branches est la suivante :

(en millions de francs)	30/6/1987	30/6/1988
Produits Frais	310	418
Epicerie	450	498
Biscuits	372	383
Bière	362	414
Champagne, Eau minérale	248	286
Emballage	222	357
Résultat opérationnel des Branches	1 964	2 356
Frais centraux non répartis	(69)	(57)
Résultat opérationnel du Groupe	1 895	2 299

Les résultats consolidés semestriels de BSN ont fait l'objet de contrôles spécifiques des commissaires aux comptes qui ont délivré l'attestation prévue par la loi.

Pour l'ensemble de l'exercice en cours et compte tenu de l'activité du premier semestre, le bénéfice devrait s'établir en très sensible hausse par rapport à 1987.

BSN GROUPE
LE PREMIER GROUPE ALIMENTAIRE FRANÇAIS

Lu, L'Alsacienne, Heudebert, De Beukelaer, Mother's, Kronenbourg, Kanterbräu, Evian, Badoit, Sangmini, Pommery, Lanson

Relevez dans cette publicité des synonymes aux mots suivants :

atteindre	croissance
....	....
....	....
....	....

Trouvez les mots qui manquent :

	1987	1988
.... :	18,9 milliards	20,7 milliards
.... :	858 millions	1 257 millions

À votre avis, quels sont les produits vendus par BSN ?

2. LA FRANCE AU TRAVAIL

Se déplacer

AU TRAVAIL EN VOITURE

La voiture gagnante sur tous les fronts ? En 1987, les immatriculations ont progressé de plus de 10 % et la circulation urbaine a augmenté de 3 %, tandis que l'usage des transports publics urbains stagnait. En Ile-de-France, par exemple, entre 1976 et 1985, l'effectif des amateurs de voitures s'est gonflé de 26 % contre 5 % pour celui des adeptes du transport en commun. Parmi les personnes qui se rendent à leur travail en voiture, les moins de 40 ans sont les plus nombreux.

© Libération.

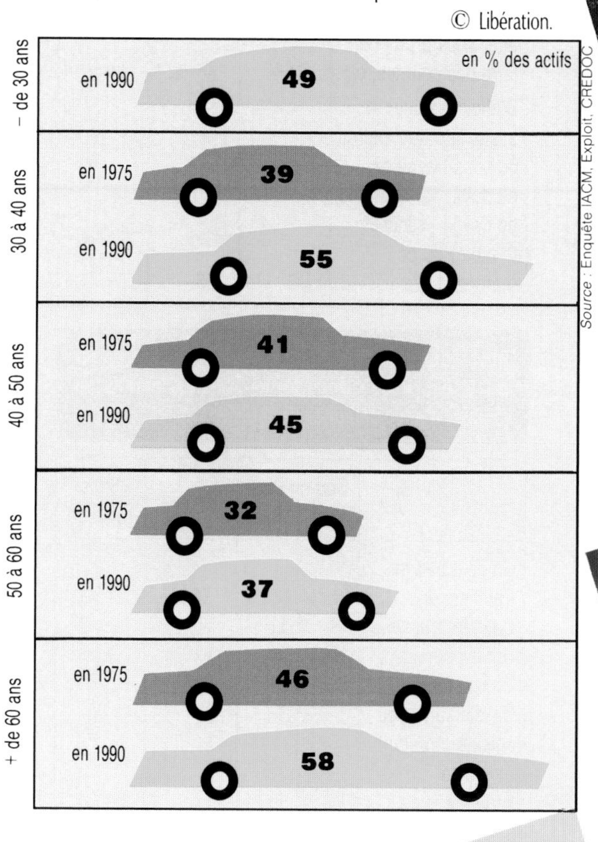

Entraînez-vous

- Quelles sont les personnes qui prennent le plus souvent leur voiture pour travailler ?
- Quels sont les mots qui expriment une augmentation ?
- Que veulent dire les mots : front, stagner, adepte, se gonfler ?
- Ces mots sont-ils employés dans leur sens propre ?

3. DÉJEUNER

Pourquoi déjeunons-nous vite et mal ?

Le déjeuner des Parisiens

Sondage L'Express-Gallup-Faits et opinions.

Enquête réalisée du 20 au 22 janvier 1986 par Gallup-Faits et opinions pour L'Express auprès d'un échantillon de 507 personnes habitant et travaillant à Paris et dans les départements limitrophes (Hauts-de-Seine, Seine-Saint-Denis et Val-de-Marne).

Les jours de travail ordinaires, combien de temps consacrez-vous, en général, à votre déjeuner ?

Moins d'un quart d'heure	12	
De un quart d'heure à une demi-heure	**35**	**74 %**
De une demi-heure à une heure	**39**	
De une heure à une heure et demie	10	12 %
Plus d'une heure et demie	2	
Cela varie beaucoup	2	

Généralement, prenez-vous vos repas là où vous travaillez (entreprise, administration, commerce, etc.), ou à l'extérieur ?

Au travail	**51 %**
À l'extérieur	41
Les deux	8

Combien dépensez-vous personnellement, en moyenne, pour vos déjeuners ?

Moins de 25 F	**57**	92 %
De 25 à 35 F	21	
De 35 à 50 F	14	
De 50 à 70 F	3	
De 70 à 100 F	2	
Plus de 100 F	1	
Pas de réponse	2	

Si vous déjeunez sur le lieu de travail, qu'est-ce que vous faites le plus souvent ?

Déjeunent à la cantine ou au restaurant d'entreprise	**66 %**
Apportent ou font venir des plats de l'extérieur et déjeunent sur le lieu de travail	29
Les deux aussi souvent	3
Ne répondent pas	2

Y a-t-il une cantine ou un restaurant d'entreprise là où vous travaillez ?

Oui	**56 %**
Non	44

Vous arrive-t-il souvent, parfois ou jamais ?

	Souvent	Parfois	Jamais
De sauter un repas ou de vous contenter d'un sandwich pour aller vous promener, faire des courses, etc.	24 %	46 %	**30 %**
D'aller déjeuner assez loin de l'endroit où vous travaillez, au point, par exemple, de devoir prendre le métro ou de marcher	6	25	**69**

Pour ceux qui déjeunent à l'extérieur de l'entreprise. Est-ce qu'il vous arrive souvent, parfois ou jamais, d'aller déjeuner dans :

	Souvent	Parfois	Jamais	Sans réponse
Un petit bistrot traditionnel	**21 %**	**54 %**	24 %	1 %
Un café-brasserie	19	**51**	30	–
Un self-service	10	28	**62**	–
Un fast food	4	26	**68**	2
Un restaurant de cuisine étrangère (chinoise, italienne, etc.)	11	**50**	39	–
Une croissanterie ou un magasin de ce genre	3	15	**82**	–
Rentrent déjeuner chez eux	**20**	27	**53**	–

Entraînez-vous

Répondez vous aussi aux questions et comparez les habitudes des Français à la façon dont vous déjeunez vous-même.

Tickets... repas

Près de 600 000 Parisiens – cadres, employés ou secrétaires – paient chaque jour leur pizza, leur steak frites ou leur sauté d'agneau avec des « tickets restaurant », « chèques déjeuner » ou « tickets repas ». Une formule qui fait fureur dans la capitale, car elle satisfait à la fois les salariés, les employeurs et les restaurateurs. Les salariés échappent à la monotonie contraignante de la cantine et peuvent choisir librement leur bistrot en fréquentant tour à tour, au gré de leur humeur, le « chinois » du coin, le self le plus proche ou le petit resto traditonnel. De leur côté, les employeurs, qui participent pour 50 à 60 % du coût du titre restaurant – le reste étant à la charge des salariés – n'ont pas à supporter les frais de gestion très lourds d'un restaurant d'entreprise. Enfin, les restaurateurs, surtout dans les quartiers d'affaires – deux sur trois, en moyenne, acceptent les titres restaurant – bénéficient ainsi d'une clientèle nombreuse et régulière, même si elle se contente du plat du jour et de l'eau en carafe, afin de ne pas trop faire grimper l'addition.

4. LE MUSÉE D'ORSAY

Construite de 1898 à 1900 par l'architecte Laloux, dans un environnement prestigieux (le Louvre, les Tuileries), qui n'autorise aucune médiocrité architecturale, la gare d'Orsay connaît une activité croissante jusqu'en 1939, époque à laquelle il faut interrompre le trafic grandes lignes, car la gare n'est plus adaptée aux nouvelles données des transports. Après avoir été utilisée comme centre d'expédition des colis aux prisonniers pendant la guerre, puis comme décor de films, elle devient le refuge provisoire de la compagnie Renauld-Barrault jusqu'en 1980. Menacée de destruction, la gare est heureusement classée monument historique en 1973. En 1977, le gouvernement décide de la transformer en musée.

Inauguré le 9 décembre 1986, le musée d'Orsay présente un panorama de l'ensemble de la création artistique de la seconde moitié du XIXe siècle et du tout début du XXe siècle. Tous les modes d'expression y sont représentés : peinture, sculpture, arts graphiques, arts décoratifs, mais aussi architecture, photographie et cinéma. Le musée d'Orsay regroupe les collections du Jeu de Paume qui accueillait les Impressionnistes depuis 1947, celles laissées au Palais de Tokyo par le musée d'Art moderne et qui furent présentées de 1977 à 1986 en « préfiguration du musée d'Orsay » ; enfin, des œuvres du Louvre de la seconde moitié du siècle (dont les œuvres complètes de Millet, Courbet, etc.) ainsi que des dessins d'architecture – de Labrouste, Baltard, Viollet-le-Duc ou Garnier – et un fonds de photographies de reportages archéologiques et de paysages du XIXe siècle. Ainsi regroupées, les collections n'auraient sans doute pas suffi pour rendre compte des complexités d'une époque particulièrement féconde.

Une politique d'acquisitions fut donc mise en œuvre dès 1978 dans tous les domaines, pour équilibrer les collections et renforcer certaines sections.

Bien des artistes manquent encore, en particulier dans le domaine de la photographie et des dessins d'architecture ; et les artistes étrangers sont à peine évoqués. Mais l'image proposée est celle d'une époque foisonnante et variée.

Entraînez-vous

Relevez tous les compléments de temps de ce texte.

▲Henri ROUSSEAU dit le douanier Rousseau
(1844-1910)
« La Charmeuse de serpents » 1907,
Paris, Musée d'Orsay.

◀Henri de TOULOUSE-LAUTREC (1864-1901)
« Jane Avril dansant » vers 1892,
Paris, Musée d'Orsay.

Edgar DEGAS (1834-1917) ▼
« Grande danseuse habillée »,
Paris, Musée d'Orsay

TESTS

1 *Un employeur pose des questions à Vincent sur*

- son nom
- son âge
- son adresse
- son expérience professionnelle
- ses diplômes

Imaginez les questions de l'employeur (sous deux formes au moins)

....
....
....
....
....

Vincent rapporte ces questions

Le directeur m'a demandé ...

2 *Transformez les phrases suivantes en utilisant un relatif et en mettant le mot souligné en relief*

Les touristes visitent souvent <u>cette église</u>.	C'est une .....
Beaucoup de Français passent leurs vacances <u>dans ce pays</u>.	C'est un ......
Plusieurs impressionnistes sont exposés <u>dans ce musée</u>.	C'est un ......
Les peintres aimaient beaucoup <u>ce quartier</u>.	C'est un ......
Il y a beaucoup de campeurs <u>dans cette région</u>.	C'est une .....
<u>Dans cette usine</u>, on fabrique des pièces de voiture.	C'est une .....

3 *Quelqu'un vous dit*

J'ai gagné le match de foot.
Il n'a pas fait très beau.
Je suis pris comme animateur dans un hôtel.
Je ne peux pas partir en vacances cette année.
J'ai mal à la tête.
Cette visite m'a plu.

Vous commentez ce qu'il dit en exprimant vos sentiments

Je suis ..... que ...
Je ...

4 Imaginez le dialogue entre un journaliste et un responsable de l'usine Renault en utilisant les indications suivantes

		1987/1988
Effectifs	181 715	
Chiffre d'affaires total	161 438*	+ 9,4 %
Chiffre d'affaires étranger	83 550	+ 10,5 %

* en millions de francs

Le responsable rapporte { *les questions du journaliste* / *ses réponses* }

5 Faites un résumé des informations contenues dans le sondage p. 126 « Le déjeuner des Parisiens »

6 Retrouvez les compléments de temps dans les textes p. 111 « Pendant longtemps, le Palais des Congrès ... des Pouvoirs publics » et p. 128 « Le Musée d'Orsay »

7 Complétez les phrases suivantes

J'ai travaillé .... 8 h, et puis je me suis arrêtée.
Ce musée a été construit .... 1982, ... mois de mars 1982 exactement.
.... mai à septembre, il fait très chaud dans cette région.
Cette année, nous prendrons nos vacances plus tôt : nous partirons .... le mois de mai.
.... plusieurs années, la gare d'Orsay a servi de théâtre.
.... 10 ans, nous passons nos vacances au bord de la mer.

SECRÉTAIRE

23e épisode

AU BAR DE L'HÔTEL CONCORDE

Vincent arrive et laisse tomber son plateau.

Le chef du personnel à Vincent : Vous viendrez me voir dans mon bureau.

À LA SORTIE DU BUREAU

Françoise : Alors ?

Vincent : Alors quoi ?

Françoise : Qu'est-ce qu'il t'a dit ?

Vincent : Rien.

Françoise : Comment rien ?

Vincent : Tout s'est bien passé.

Françoise : Le directeur ne t'a rien dit ?

Vincent : Je lui ai expliqué que je voulais aller vite.

Françoise : Et alors... ?

Vincent : Alors, il m'a dit que je faisais bien mon travail.

Françoise : Ah bon... ?

Vincent : Oui, oui. Et il m'a augmenté...

Françoise : Ah ! De combien es-tu augmenté ?

Vincent : Du double.

Françoise : Quoi ?

Vincent : Oui du double.

Françoise : Ah ?

Vincent : Oui, je vais gagner deux fois plus.
À tout à l'heure.

Françoise : À tout à l'heure.

DANS LE BUREAU DU DIRECTEUR

Le chef du personnel : Ah ! Françoise, je voulais vous voir. Voulez-vous entrer un instant dans mon bureau ?
Asseyez-vous. Je suis très content de votre travail.

Françoise : Merci Monsieur.

Le chef du personnel : Vous allez continuer votre stage dans notre service de gestion.

Françoise : Merci, Monsieur.

Le chef du personnel : C'est normal puisque vo
faites aussi une école de gestion.

Françoise : Oui. Je commence quand ?

Le chef du personnel : Dès demain.

DANS LE BUREAU DE MME LECOMTE

4 ***Le chef du personnel à Françoise :*** Vous allez travailler avec Madame Lecomte. Françoise est notre stagiaire.

Madame Lecomte : Bonjour Françoise.

Françoise : Bonjour Madame.

Le chef du personnel : Je vous laisse, au revoir.

Madame Lecomte : Au revoir Monsieur le Directeur.

5 ***Madame Lecomte à Françoise :*** Bien, je vais vou
expliquer votre travail.

Françoise : Merci Madame.

Madame Lecomte : Vous ne devez jamais partir sans avoir envoyé le courrier.
Vous ne devez jamais partir sans avoir classé le dossier « arrivées ».
Si je suis absente, vous devez répondre au téléphone. Avez-vous compris ?

Françoise : Oui Madame.

Madame Lecomte : Répétez ce que je vous ai c

Françoise : Je ne dois jamais partir sans avoir envoyé le courrier, et ne jamais partir sans avoi
classé le dossier « arrivées ». Si vous êtes absent
je dois répondre au téléphone.

Madame Lecomte : Très bien.

6 *Françoise a commencé à travailler.*

Françoise : C'est pour vous... Monsieur Nicolas.

Madame Lecomte : Qui est Monsieur Nicolas ?

Françoise : Celui qui vous a téléphoné ce matin
propos des réservations pour la semaine prochaine.

Madame Lecomte : Pourquoi ne pas m'en avoir parlé plus tôt ? Je vous avais dit de me le rappeler...

Françoise : J'y ai pensé... Mais...

Madame Lecomte : C'est bon, passez-le moi.

Françoise : Monsieur Nicolas, ne quittez pas je vous passe Madame Lecomte.

Madame Lecomte : Oui...

DANS LE BUREAU DU DIRECTEUR

Le chef du personnel : Vous allez remettre la paye aux stagiaires.

Françoise : Bien Monsieur.

Le chef du personnel à Madame Lecomte : Est-ce qu'on lui a retenu le prix de la vaisselle cassée ?

Madame Lecomte : Je crois que l'on a oublié.

Le chef du personnel : Je vous avais dit de le faire.

Françoise : Il ne l'a pas fait exprès, c'était pour nous faire rire.

Le chef du personnel : Je me demande si pour faire rire, on doit casser la vaisselle.
30 verres cassés à 50 F le verre, cela fait 1 500 F.
10 assiettes à 100 F, cela fait 1 000 F. Soit 2 500 F en tout.
Tant pis pour lui, ça lui apprendra à être sérieux dans le travail, je lui retire 2 500 F de son salaire.

AU BAR

Françoise : Je vous apporte vos feuilles de salaire. Vous devriez vérifier, il est possible que je me sois trompée.

Françoise à Vincent : Tu devrais vérifier à propos de ton augmentation, il a dû y avoir une erreur, tu devrais réclamer...

1. Petit vocabulaire du salarié

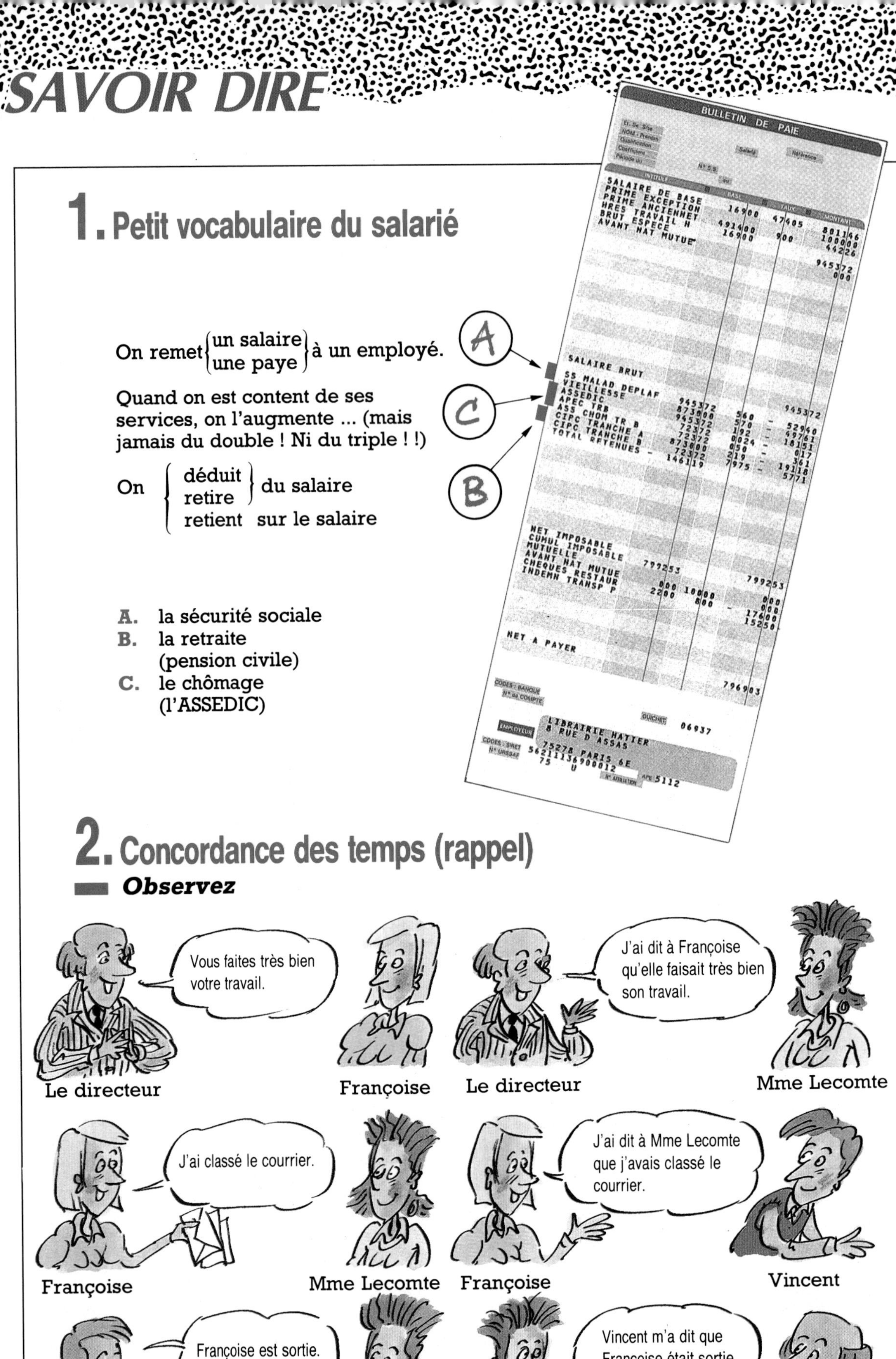

BULLETIN DE PAIE

INTITULÉ	BASE	TAUX	MONTANT
SALAIRE DE BASE			
PRIME EXCEPTION	16900	47405	801146
PRIME ANCIENNET			100000
HRES TRAVAIL H	491400	900	44226
BRUT ESPECE	16900		
AVANT NAT MUTUE			945372
			000
SALAIRE BRUT			945372
SS MALAD DEPLAF	945372	560	52940
VIEILLESSE	873000	570	49761
ASSEDIC	945372	192	18151
APEC TRB	72372	0024	017
ASS CHOM TR B	72372	050	361
CIPC TRANCHE A	873000	219	19118
CIPC TRANCHE B	72372	7975	5771
TOTAL RETENUES	146119		
NET IMPOSABLE			799253
CUMUL IMPOSABLE	799253		
MUTUELLE			000
AVANT NAT MUTUE	000	10000	000
CHEQUES RESTAUR	2200	800	17600
INDEMN TRANSP P			15250
NET A PAYER			796983

EMPLOYEUR: LIBRAIRIE HATIER, 8 RUE D ASSAS, 75278 PARIS 6E

QUICHET 06937

56211136900012 75 U — APE 5112

On remet { un salaire / une paye } à un employé.

Quand on est content de ses services, on l'augmente ... (mais jamais du double ! Ni du triple ! !)

On { déduit / retire } du salaire
retient sur le salaire

A. la sécurité sociale
B. la retraite (pension civile)
C. le chômage (l'ASSEDIC)

2. Concordance des temps (rappel)

Observez

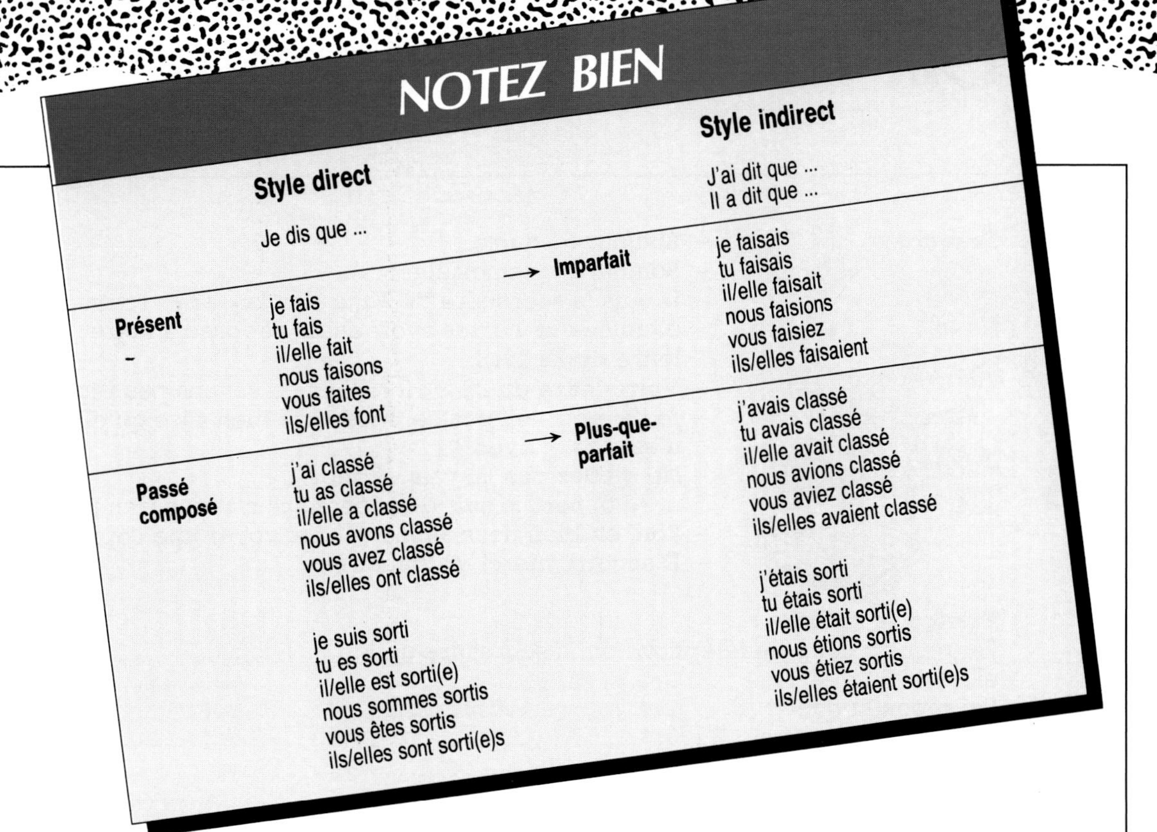

NOTEZ BIEN

	Style direct		Style indirect
	Je dis que ...		J'ai dit que ... Il a dit que ...
Présent -	je fais tu fais il/elle fait nous faisons vous faites ils/elles font	→ Imparfait	je faisais tu faisais il/elle faisait nous faisions vous faisiez ils/elles faisaient
Passé composé	j'ai classé tu as classé il/elle a classé nous avons classé vous avez classé ils/elles ont classé je suis sorti tu es sorti il/elle est sorti(e) nous sommes sortis vous êtes sortis ils/elles sont sorti(e)s	→ Plus-que-parfait	j'avais classé tu avais classé il/elle avait classé nous avions classé vous aviez classé ils/elles avaient classé j'étais sorti tu étais sorti il/elle était sorti(e) nous étions sortis vous étiez sortis ils/elles étaient sorti(e)s

Attention !
Révisez les formes de l'imparfait.

Transformez

Le direction à
Vincent :

Le directeur m'a dit ....
lui a dit ....

Le directeur à
Françoise :

Le directeur m' / lui a dit ....

Françoise

– Bonjour Madame.
– Bonjour Mademoiselle.
– Je suis la secrétaire de Mme Nicolas. Nous sommes étonnées de ne pas avoir eu de réponse à notre lettre du 28 avril.
– Votre lettre du 28 avril ? Nous ne l'avons pas reçue.
– Je l'ai pourtant postée. Êtes-vous bien sûre qu'elle n'est pas arrivée ?
– Ne quittez pas, je vais vérifier...
... Allô, non, je suis désolée, nous n'avons rien reçu.
– Bon, eh bien nous allons vous envoyer une copie.
– D'accord, merci Mademoiselle.

Françoise raconte :
J'ai reçu un coup de téléphone de la secrétaire de Mme Nicolas,
elle m'a dit que ....
J'ai répondu que ....
Elle m'a demandé si ....
Je lui ai dit que ....
Elle m'a répondu que..

3. Je vous avais dit de ... / Je vous avais demandé de ...

Observez

Un patron décrit les tâches d'une secrétaire qu'il engage.

Vous aurez à
N'oubliez pas de

- répondre au téléphone.
- prendre les rendez-vous.
- classer les dossiers.
- réserver les places d'avion.
- réserver les chambres d'hôtel.

Donnez-moi le dossier de Madame Nicolas.
Le numéro de téléphone de Madame Platte.
Le nom de l'hôtel où je vais à Madrid.

Reproches : La secrétaire n'a pas fait son travail. Que peut-on lui dire ?

Je vous avais dit ...

Je vous avais demandé de ...

Faites des phrases sur le même modèle dans les situations suivantes, en utilisant les verbes proposés

Un client commande une bière. On lui sert un coca.	(commander)
Un client demande une chambre à deux lits. On lui propose une chambre à un lit.	(réserver)
Un client commande une table pour 4 personnes. On lui donne une table pour deux personnes.	(demander)
Vous conseillez à quelqu'un de prendre l'autoroute. Il prend des petites routes.	(dire de)

4. La négation : Ne... rien / Ne... jamais

Observez

– Qu'est-ce que tu vois ?
– { Rien.
  { Je **ne** vois **rien**.

– Qu'est-ce qu'il t'a dit ?
– { Rien.
  { Il **ne** m'a **rien** dit.

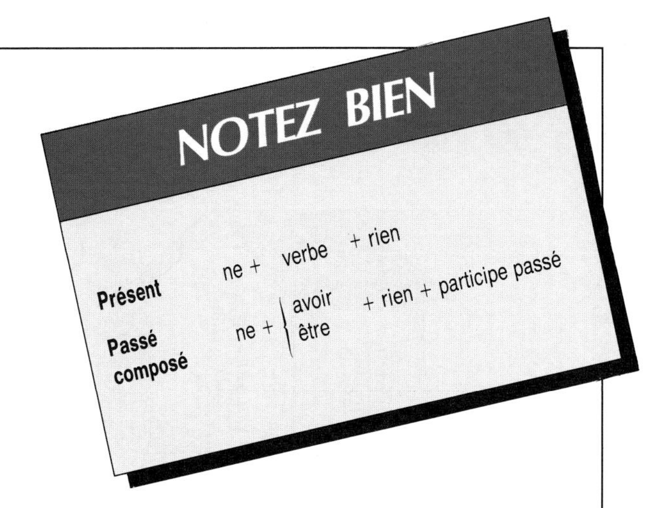

Répondez aux phrases suivantes en utilisant « ne... rien »

– Vous avez envoyé la lettre ? Non, je ....
– Vous avez réservé une table ? Non, je ....
– Vous avez pris les dossiers ? Non, je ....
– Vous avez rangé le courrier ? Non, je ....

Observez

– Vous allez souvent à l'Opéra ?
– Non, je **n**'y vais **jamais**. Je n'aime pas l'Opéra.

– Vous aimez le canard ?
– Je ne sais pas, je **n**'en mange **jamais**.

– Vous connaissez cette ville ?
– Non, je crois que je **ne** l'ai **jamais** visitée.

– Vous êtes souvent allé à l'Opéra ?
– Non, je **n**'y suis **jamais** allé. Je n'aime pas ça.

– Vous aimez le canard ?
– Je ne sais pas, je **n**'en ai **jamais** mangé.

Répondez aux questions suivantes en utilisant « ne... jamais »

Vous déjeunez souvent au restaurant de votre entreprise ?
Vous jouez souvent au tennis ?
Vous avez quelquefois déjeuné dans ce restaurant ?
Vous avez souvent joué au tennis avec Vincent ?
Vous avez déjà pris le Concorde ?
Vous prenez votre voiture pour aller travailler ?

5. Sans + infinitif

Observez

Vous partez en voyage :

Avez-vous pris vos papiers ?
Avez-vous coupé le courant ?
Avez-vous laissé votre adresse ?
Avez-vous fait réexpédier votre courrier ?

Transformez

Ne partez jamais sans prendre...

....
....
....
....

6. Celui qui ... / Celui de ...

Observez

- Quel dossier avez-vous classé ici ?
- **Celui** que vous m'avez donné ce matin. **Celui** de l'Hôtel de France.
- Quelle lettre avez-vous rangée ?
- **Celle** qui est arrivée au courrier de ce matin. **Celle** de la Maison Dubois.

NOTEZ BIEN

PRONOMS	singulier	pluriel
masculin	**celui** { qui / de	**ceux** { qui / de
féminin	**celle** { qui / de	**celles** { qui / de

Observez

- À qui est cette feuille de salaire ?
- Je crois que c'est celle de Vincent.

Remplacez

Feuille de salaire ⟶ carnet de chèques, enveloppes, papiers, carte d'identité, passeport.

1. LES SALAIRES

La France des salaires

Une récente enquête de l'INSEE, montre que, en 1985, le salaire annuel net moyen a été de 85 886 francs. Mais les disparités régionales sont fortes, et c'est Paris qui tire cette moyenne vers le haut : l'Ile de France est en effet de loin la région qui paye le mieux, et la seule à dépasser la moyenne française, avec un salaire moyen de 105 850 francs. La Provence-Côte d'Azur et Rhône-Alpes ne se défendent pas trop mal, alors que le Limousin est bon dernier du palmarès, offrant seulement un salaire annuel moyen de 73 603 francs.

Quelle est la région où les salaires sont les plus élevés, et celle où ils sont les plus bas ?

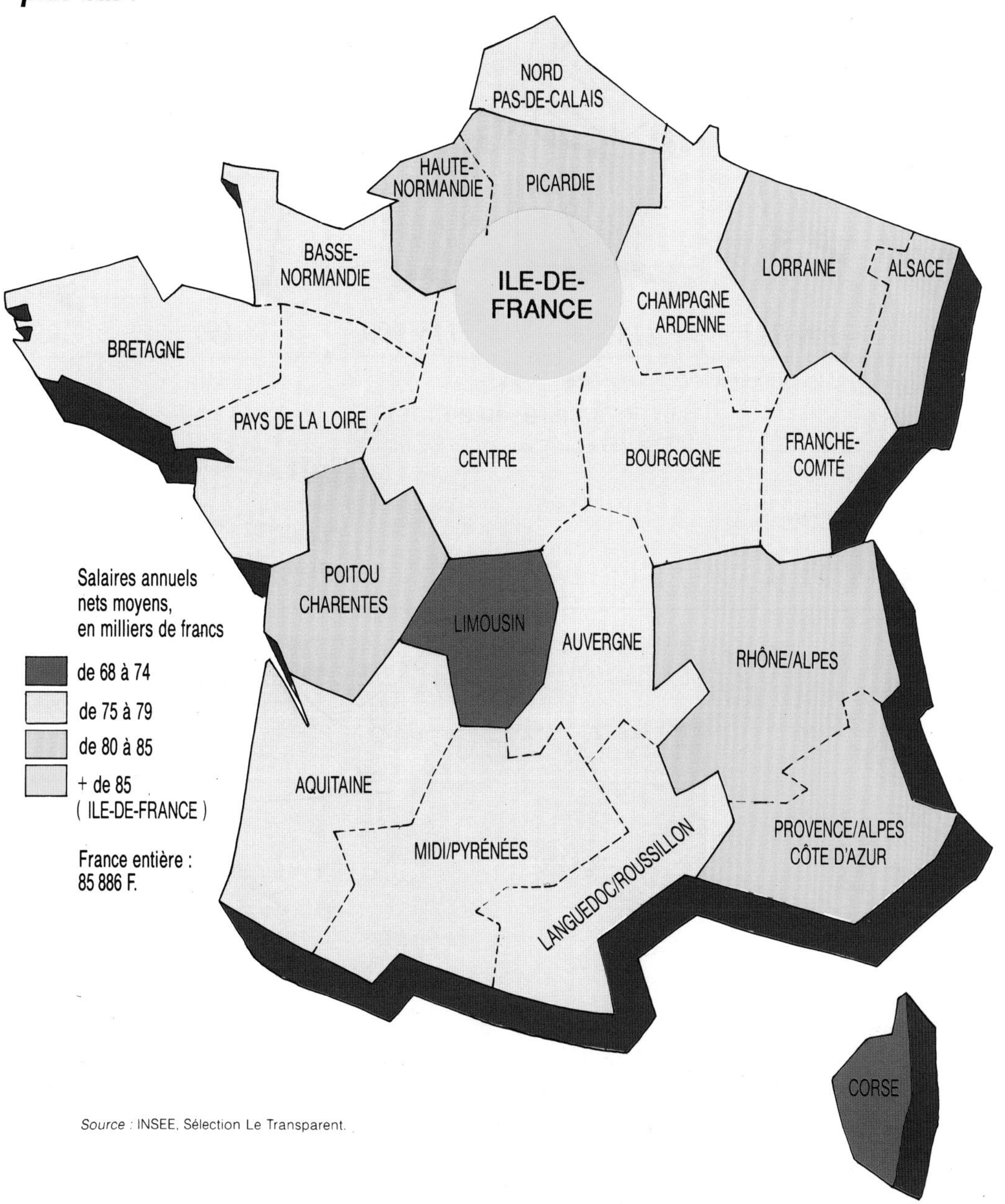

Source : INSEE, Sélection Le Transparent.

1. LES SALAIRES (suite)

Quelques exemples

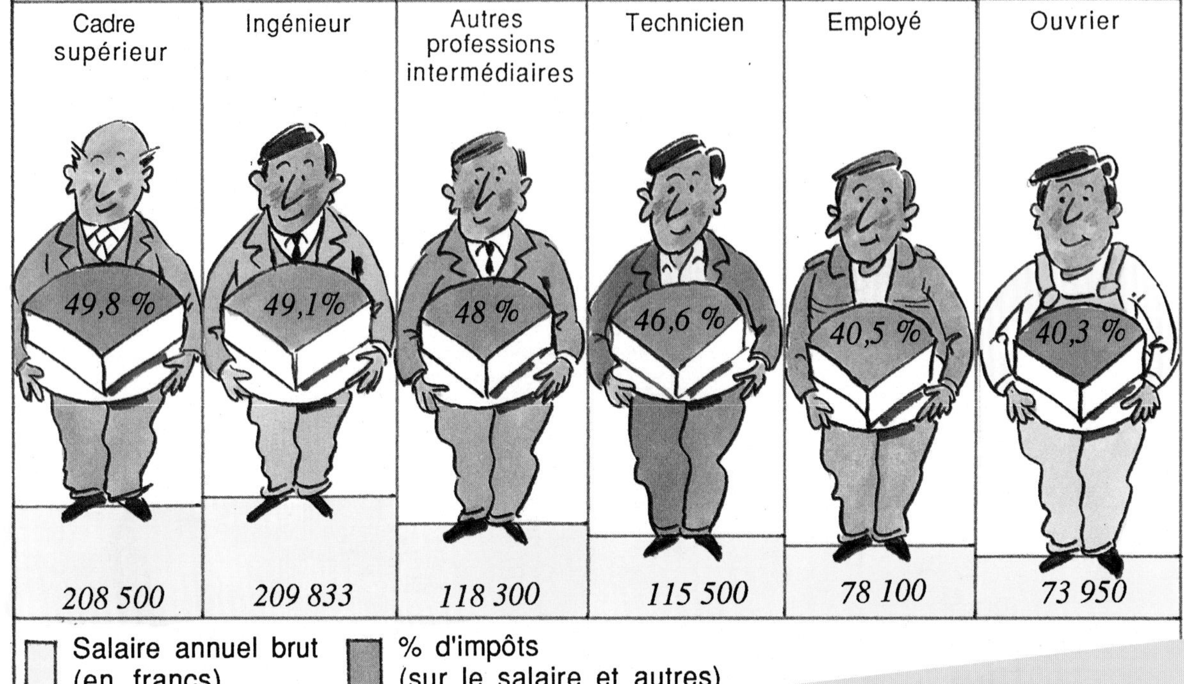

Entraînez-vous

Comparez ces salaires à ceux qui sont versés dans votre pays

2. LES IMPÔTS

TAUX MAXIMUMS DES IMPÔTS ACTUELS

	France	Grande-Bretagne	Etat-Unis	Allemagne	Japon
Impôt sur le revenu	56,8	40	33	56	60
Impôt sur les sociétés	42	35	34	56	42
TVA	33,3	15	X	14	X

SOURCE : OCDE

© *Dynasteurs*, octobre 1988.

3. LE CHÔMAGE

■ *Où le chômage est-il le plus important ?*
(Attention, pour les régions, vous reporter p. 141)

LE CHÔMAGE PAR RÉGIONS

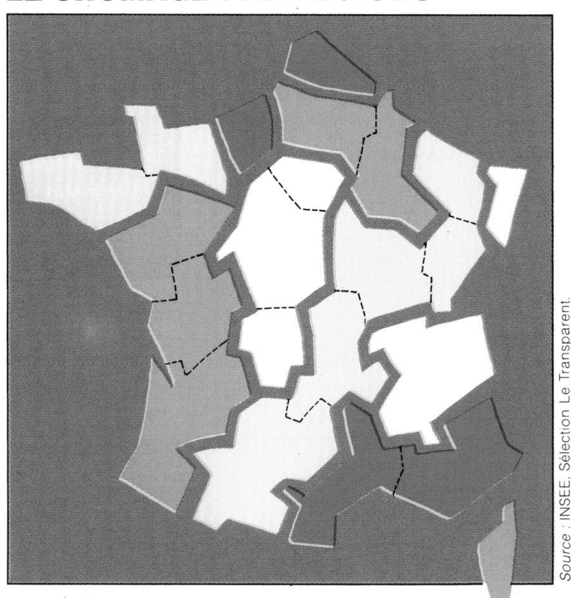

Source : INSEE. Sélection Le Transparent.

en % des personnes actives
- Moins de 10 %
- 10 à 11 %
- 11 % à 12 %
- Plus de 12 %

France entière : 10,5 % en juin 1988

4. LES GRÈVES

■ *Que pensez-vous de ces documents ?*

DEBRAYAGE A L'USINE : CHAUSSON DE GENNEVILLIERS

L'usine Chausson-Gennevilliers (Haut-de-Seine) a été paralysée hier par un arrêt de travail de deux heures à l'appel de la C.F.D.T. et de la C.G.T. Les revendications des grévistes portent sur une revalorisation des salaires. La direction générale a aussitôt annoncé aux délégués de l'usine qu'elle réunirait les organisations syndicales courant novembre pour des négociations sur la revalorisation des bas salaires, ainsi que sur les classifications.

Cette usine fabrique les « Trafic » pour Renault, ainsi que les « J9 » et « C35 » pour Peugeot.

LES CHEMINOTS MANIFESTENT A PARIS

Quelque deux cents cheminots C.G.T. de la division matériel de la S.N.C.F. ont fait le voyage de Thionville, Marseille et Nantes pour manifester derrière l'Assemblée nationale. Ils craignent la fermeture de plusieurs dépôts et ateliers d'entretien.

INSPECTIONS D'ACADEMIE ET RECTORATS : LE TELEPHONE NE REPOND PLUS

Des grèves du zèle en cascade ont commencé depuis la rentrée scolaire parmi les personnels des rectorats et des inspections académiques — administratifs, agents de service, ouvriers, santé. Les grévistes refusent de traiter par téléphone les problèmes des usagers et cessent de recevoir, se bornant à répondre au courrier. Ils protestent contre les conditions de travail et de salaires.

4. LES GRÈVES

USAGER DU MÉTRO
PROGRAMME MINIMUM
USAGER DE LA TÉLÉVISION
USAGER DES PTT
USAGER DE LA SNCF
USAGER D'EDF
USAGER D'AIR INTER
PERCEPTION
C'EST LÀ
NOUS RÉPÉTONS: C'EST LÀ
ENTRÉE LIBRE. SORTIE PAYANTE
SOURIEZ
BIENVENUE À NOTRE AIMABLE CLIENTÈLE
GROUILLEZ-VOUS ! ON A LA FIN DE MOIS DES FONCTIONNAIRES À FAIRE !
SANS COMPTER LES DÉFICITS À COMBLER
MONTREZ VOTRE CIVISME ICI
USAGER DU TRÉSOR PUBLIC
JACQUES FAIZANT

5. LES FRANÇAIS SONT-ILS JOUEURS ?

Beaucoup de gens rêvent de gagner le gros lot... alors ils tentent leur chance. Au Loto sportif qui est un concours de pronostics sur les matchs de football. Au Loto où il s'agit de cocher des chiffres. Au Tac O Tac... où le numéro gagnant peut vous rendre millionnaire.

Tac O Tac

Lancé en 1984, le Tac O Tac est un jeu hebdomadaire qui associe, sur un même billet, le grattage et le tirage. Vendu au prix de 10 francs, il permet de gagner jusqu'à 30 000 francs au grattage et 400 000 francs au tirage. L'émission de tirage est effectuée en direct sur TF 1 chaque jeudi vers 19 h 50.

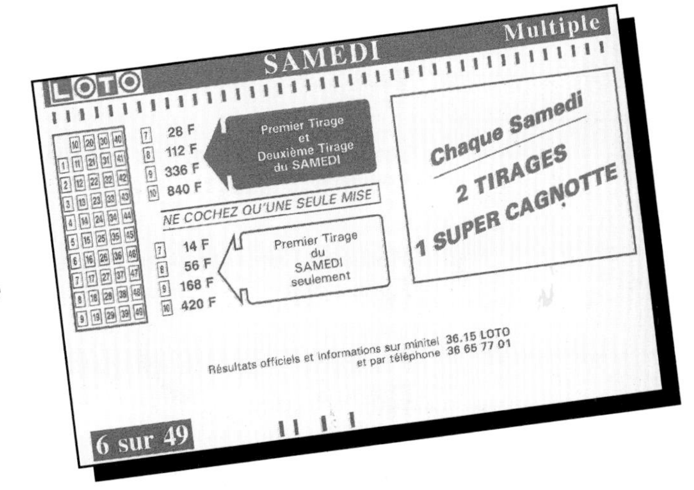

Loto

Le Loto comporte depuis le 12 septembre 1990, 4 tirages par semaine qui se déroulent chaque mercredi à 19 h 55 et 20 h 35 et chaque samedi aux mêmes heures en direct sur TF 1. Une super cagnotte est mise en jeu chaque semaine lors du 2e tirage du mercredi et du samedi.
Les mises minimales sont de 2 francs le mercredi et 4 francs le samedi. Le Loto, dont le chiffre d'affaires 1990 est d'environ 13 milliards de francs enregistre une moyenne de 13 millions de bulletins par semaine, ce qui représente plus de 8 milliards de bulletins joués depuis la création du jeu en mai 1976.

Jeux Instantanés

En avril 1989, France Loto agrandit la gamme de ses produits et lance 100 000 francs Cash, le premier jeu uniquement grattable. Pour 10 francs, on gratte et l'on peut gagner jusqu'à 100 000 francs. Il sera suivi de Surf, 421 et Jackpot.
Parallèlement à ces instantanés à 10 francs, le 28 mai 1990, France Loto inaugure l'ère de la 2e génération de jeux instantanés avec Banco. Banco vaut 5 francs et permet de gagner entre 5 et 5 000 francs.

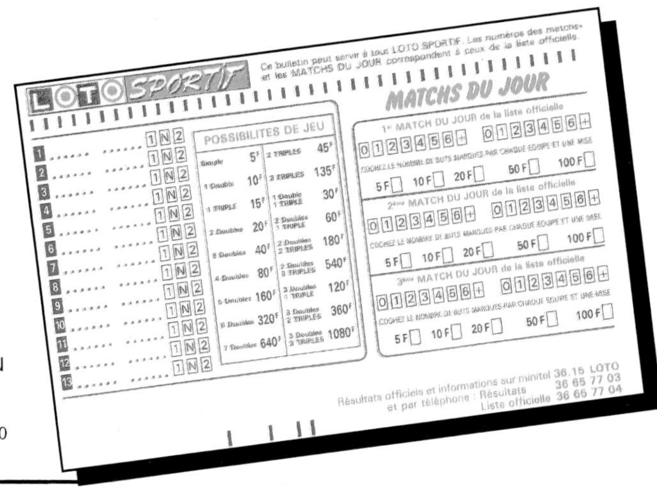

Loto sportif

Le Loto sportif est un jeu de pronostics, basé sur le football. Les joueurs parient sur 13 matchs pour une mise variant de 5 francs à 1 080 francs. Pour chaque match, 3 cases (1, N ou 2) représentent les 3 résultats possibles. Sur le même bulletin, les joueurs peuvent aussi établir des pronostics sur 3 matchs du Jour en cochant, pour chaque équipe, une case parmi 8 possibilités de buts : de 0 à 6 buts et plus de 6 buts. Les mises s'échelonnent de 5 francs à 100 francs. Lors de la validation du bulletin, l'ordinateur attribue de manière aléatoire un numéro pactole, entre 0 et 9, qui apparaît sur le reçu de jeu. Le tirage du numéro pactole effectué en direct sur TF 1 le dimanche permet aux gagnants dont le reçu de jeu comporte ce numéro pactole de doubler leurs gains.

TESTS

1 *Françoise doit classer les dossiers*

noter les messages
rappeler Monsieur Dubois
répondre à Mme Duval
envoyer le courrier

Madame Lecomte donne des ordres à Françoise :
Vous ....

Françoise rapporte les ordres de Madame Lecomte :
Elle m'a ....

Madame Lecomte pose des questions à Françoise sur son travail :
Avez-vous ....

Françoise rapporte les questions de Madame Lecomte :
Elle m'a ....

Madame Lecomte reproche à Françoise de ne pas avoir fait son travail :
Je vous ....

2 *Le directeur reçoit Françoise*

– Asseyez-vous Françoise. Vous avez fait bon voyage ?
– Excellent, merci.
– Vos vacances se sont bien passées ?
– Très bien.
– Françoise, je suis très content de votre travail.
– Merci monsieur. Ça me fait plaisir.
– Voudriez-vous faire un stage de gestion ?
– Bien sûr, monsieur.
– Alors, je vais vous présenter Madame Lecomte.

Françoise raconte son entretien :
Le directeur ...
....
....
....
....

3 *Répondez aux phrases suivantes en utilisant « ne ... rien », « ne ... jamais »*

– C'est toi qui as cassé ces verres ?
– Non, pas du tout ....

– Vous avez déjà vu cette personne ?
– Non, je ....

– Vous sortez souvent le soir ?
– Non, nous ....

– On vous a déjà augmenté ?
– Non, hélas, ...

– Tu as pris mes papiers ?
– Absolument pas ! Je ....

– Tu as acheté du pain ?
– Zut ! J'ai oublié de faire les courses. Je ....

– Qu'avez-vous appris pendant le stage ?
– Je crois bien que nous ....

– Êtes-vous déjà allé(e) dans cette usine ?
– Je n'en suis pas sûr(e), mais je crois que ....

4 *Rappelez-vous : complétez ce tableau*

Pronoms	singulier	pluriel
masculin	celui { de ... / qui ...	....
féminin	....	....

Complétez les phrases suivantes

C'est à vous, cette voiture ?	Non, c'est ..... de mes parents.
.... lunettes ?	Non, ce sont .. d'Isabelle.
.... feuille de salaire ?	Non, ... de Françoise.
.... raquette ?	Non, ... de Vincent.
.... badge ?	Non, ... du conférencier.

AU SPECTACLE
24e épisode

AU CAFÉ

Françoise : Je suis en retard ?

Vincent : Non pas du tout, c'est moi qui suis en avance. Nous avons une heure et demie devant nous.

Françoise : Le spectacle commence à quelle heure ?

Vincent : À 20 h 30.

Françoise : Tu as les billets ?

Vincent : Non, c'est Pierre et Isabelle qui les ont, nous avons rendez-vous avec eux à 20 h 15 devant le théâtre de l'Empire.

Le garçon : Vous désirez ?

Françoise : Un café au lait.

Le garçon : Un café au lait.

Le garçon revient et renverse le café sur la robe de Françoise.

Le garçon : Un café au lait.

Françoise : Ma robe...

Le garçon : Pardon mademoiselle, excusez-moi.

Vincent : Vous auriez pu faire attention !

Françoise : La soirée est fichue !

Vincent : Mais non...

Françoise : Il n'est pas question que j'aille au théâtre comme ça.

La patronne : Je vais vous aider à la nettoyer.

Françoise : Ce n'est pas la peine, elle ne sera pas sèche.

La patronne : Mais si, mais si...

5 ***Vincent :*** Il y a une solution.

Françoise : Mais non, vas-y sans moi.

Vincent : Puisque je te dis qu'il y a une solution.

Françoise : Laquelle ?

Vincent : Allons aux Galeries Lafayette, tu trouveras tout ce qu'il faut.

Françoise : On n'aura pas le temps.

Vincent : Mais si, mais si, on va se dépêcher. On a une demi-heure pour acheter une robe.

Françoise : Une demi-heure, ce n'est pas beaucoup.

Vincent : Allez, dépêchons-nous.

Vincent à la patronne : Je vous dois combien ?

La patronne : Laissez, laissez, c'est ma tournée.

Vincent : Merci madame, allez viens.

AUX GALERIES LAFAYETTE

6 ***Françoise :*** J'aime bien cette robe là.

Vincent : Oui.

Françoise : Elle est un peu chère.

Vincent : On n'a pas beaucoup de temps.

Françoise : Mais tu m'as dit tout à l'heure qu'on avait le temps.

Vincent : Oui,mais le temps passe. Tiens celle-ci n'est pas chère.

Françoise : Je la déteste. Quelle horreur !

Vincent : Et celle-là, tu l'aimes ?

Françoise : Elle est trop grande. Je la déteste aussi.

Vincent : Et moi je déteste être en retard... Et celle-là ?

Françoise : Trop petite.

7 ***Françoise :*** J'aime bien celle-là et elle n'est pas très chère. Je vais l'essayer.

PENDANT CE TEMPS, À L'ENTRÉE DU THÉÂTRE

8 ***Isabelle :*** Mais qu'est-ce qu'ils font ?

Pierre : On attend encore cinq minutes, après on entre.

Isabelle et Pierre finissent par entrer.

Isabelle : On a les billets, on aurait dû les attendre...

Vincent et Françoise arrivent...

Vincent : Ils auraient pu nous attendre !

Françoise : C'est ma faute...

Vincent : Tant pis... Attends... C'est la vedette, c'est Jacques Martin. Monsieur, s'il vous plaît.

Jacques Martin : Oui...

Vincent : On avait des places, mais on est en retard. Nos amis ne nous ont pas attendus.

Jacques Martin : Suivez-moi, je vais voir ce que je peux faire pour vous.

Jacques Martin à un ami : Jules, tu me places les jeunes gens dans la salle le mieux possible. Et si ça vous amuse, venez prendre un verre dans ma loge à l'entracte.

Françoise et Vincent s'installent au premier rang.

À L'ENTRACTE

Pierre et Isabelle aperçoivent leurs amis.

Pierre : On a cru que vous ne veniez pas.

Vincent : On a eu un problème.

Isabelle : Tu as une jolie robe.

Pierre : Vous venez ?

Vincent : Non, on a rendez-vous avec Jacques Martin dans sa loge. À plus tard.

Vincent et Françoise frappent à la porte de la loge de Jacques Martin.

Jacques Martin : Entrez... Alors, ça vous a plu ?

Vincent : Le spectacle est formidable.

Jacques Martin : C'est vrai ? Je suis très heureux que ça vous ait plu. Un petit peu de champagne ?

Françoise : Oui, merci.

Jacques Martin : Allez ! Buvons un verre. Et un verre de champagne à la santé du spectacle et de votre jeunesse.

1. Vous auriez dû ... / Vous auriez pu ...

Observez

Tu **devrais** réserver ta place.
Vous **devriez** réserver votre place.
On **devrait** réserver nos places.

J'**aurais dû** réserver ma place à l'avance.
Tu **aurais dû** réserver ta place à l'avance.
Vous **auriez dû** réserver votre place à l'avance.

Imaginez ce qu'on peut dire dans ces circonstances, avant et après

Maryse est très fatiguée. Elle n'a pas pris de vacances. →
J' ....
Tu ....
Vous ....

Vincent est arrivé en retard. Il n'a pas pris de taxi. →
J' ....
Tu ....
Vous ....

Isabelle ne joue pas au tennis. Elle ne s'est pas inscrite à un cours. →
J' ....
Tu ....
Vous ....

Françoise s'est trompée d'adresse. Elle n'a pas regardé dans son carnet →
J' ....
Tu ....
Vous ....

Il pleut. Vincent n'a pas pris de parapluie. →
J' ....
Tu ....
Vous ....

Vincent et Isabelle se trouvent dans un embouteillage. Ils n'ont pas écouté les conseils de la radio →
J' ....
Tu ....
Vous ....

Retrouvez d'autres manières d'exprimer un reproche

2. Aimer / Ne pas aimer

Observez

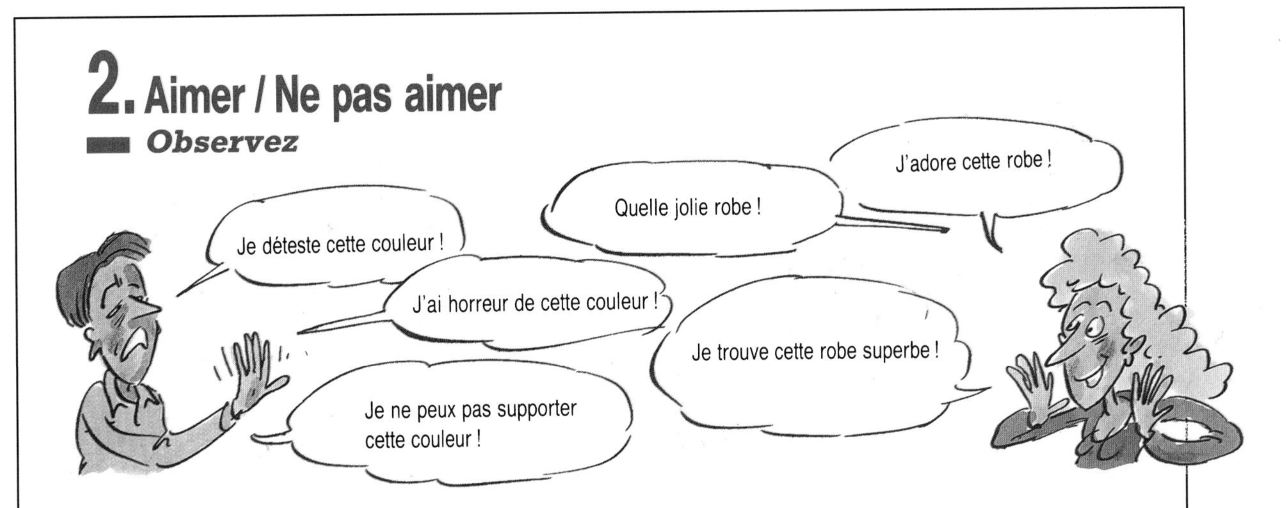

Dites ce que vous aimez ou ce que vous n'aimez pas et pourquoi

- Comme vêtements (couleurs, formes...).
- Comme régions ou comme pays (climats, distractions, sports, ...).
- Comme sports (fatigant, facile, amusant, ...).
- Comme plats (salé, sucré, gras, épicé, ...).

NOTEZ BIEN

On aime			
beaucoup	un peu	pas beaucoup	pas du tout
J'aime J'adore Je trouve... superbe magnifique	J'aime assez	Je n'aime pas beaucoup Je n'aime pas tellement	Je déteste J'ai horreur de Je ne peux pas supporter

NOTEZ BIEN

Il n'est pas question que
+
subjonctif

3. Pas question !

Observez

- Monsieur Leblond demande une augmentation de salaire.
- Une augmentation de salaire ! Mais il ne fait rien !
  Pas question !
  Il n'en est pas question !

Il n'est pas question {
qu'il **ait** une augmentation de salaire !
que je l'**augmente** !
qu'il **soit augmenté** !

Qu'il soit augmenté ? Il n'en est pas question.

Faites des phrases en utilisant la même structure

Mathilde refuse gentiment	**Mathilde refuse de façon catégorique**
J''aimerais mieux :	
ne pas sortir ce soir	Il n'est pas question que je ....
ne pas prendre le métro	....
ne pas aller travailler	....
ne pas faire les courses	....
ne pas répondre au téléphone	....

Madame voudrait ...	Monsieur refuse ...
Si on allait au cinéma ?	Ah non ! Il n'est pas question { qu'on .... / que nous .
Si on partait en vacances en Bretagne ?	Ah non ! ....
Si on emmenait Paul ?	Ah non ! ....
Si on achetait une Renault 5 ?	Ah non ! ....
Si on faisait une partie de tennis ?	Ah non ! ....

Dites pourquoi

(j'aime, je n'aime pas, il est trop tard, ...).

4. C'est moi qui suis ... / C'est toi qui es ...

Observez

Françoise : Je suis en retard ?
Vincent : Non, ce n'est pas **toi qui es** en retard, c'est **moi qui suis** en avance.

Ce n'est pas **elle qui est** en retard.
C' est **lui qui est** en avance.

– C'est **nous qui avons** les billets ?
– Non, c'est **Pierre et Isabelle qui les ont.**
– Oui, j'avais oublié. C'est **eux qui les ont** pris.

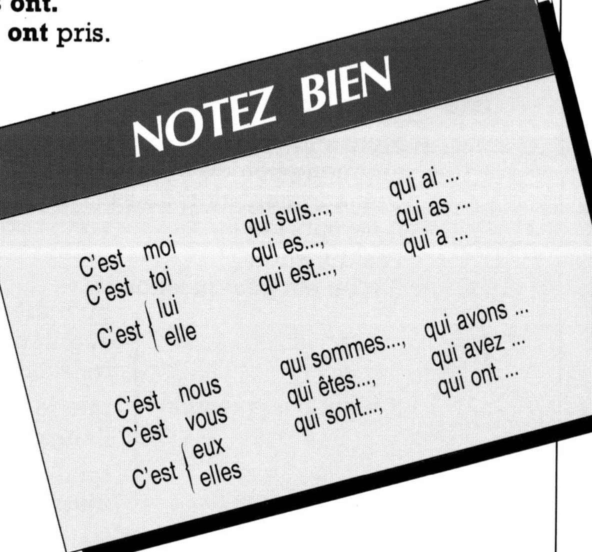
NOTEZ BIEN

C'est moi — qui suis..., — qui ai ...
C'est toi — qui es..., — qui as ...
C'est { lui / elle — qui est..., — qui a ...

C'est nous — qui sommes..., — qui avons ...
C'est vous — qui êtes..., — qui avez ...
C'est { eux / elles — qui sont..., — qui ont ...

Utilisez « c'est ... qui ... » pour mettre le pronom en relief

Nous prenons le métro et vous prenez la voiture.
Ils font la cuisine et elles font les courses.
Elle part à l'étranger. Il reste garder les enfants.
Je choisis le dessert. Tu choisis la boisson.
Il a les billets, mais elle a le programme.

1. LES THÉÂTRES PARISIENS

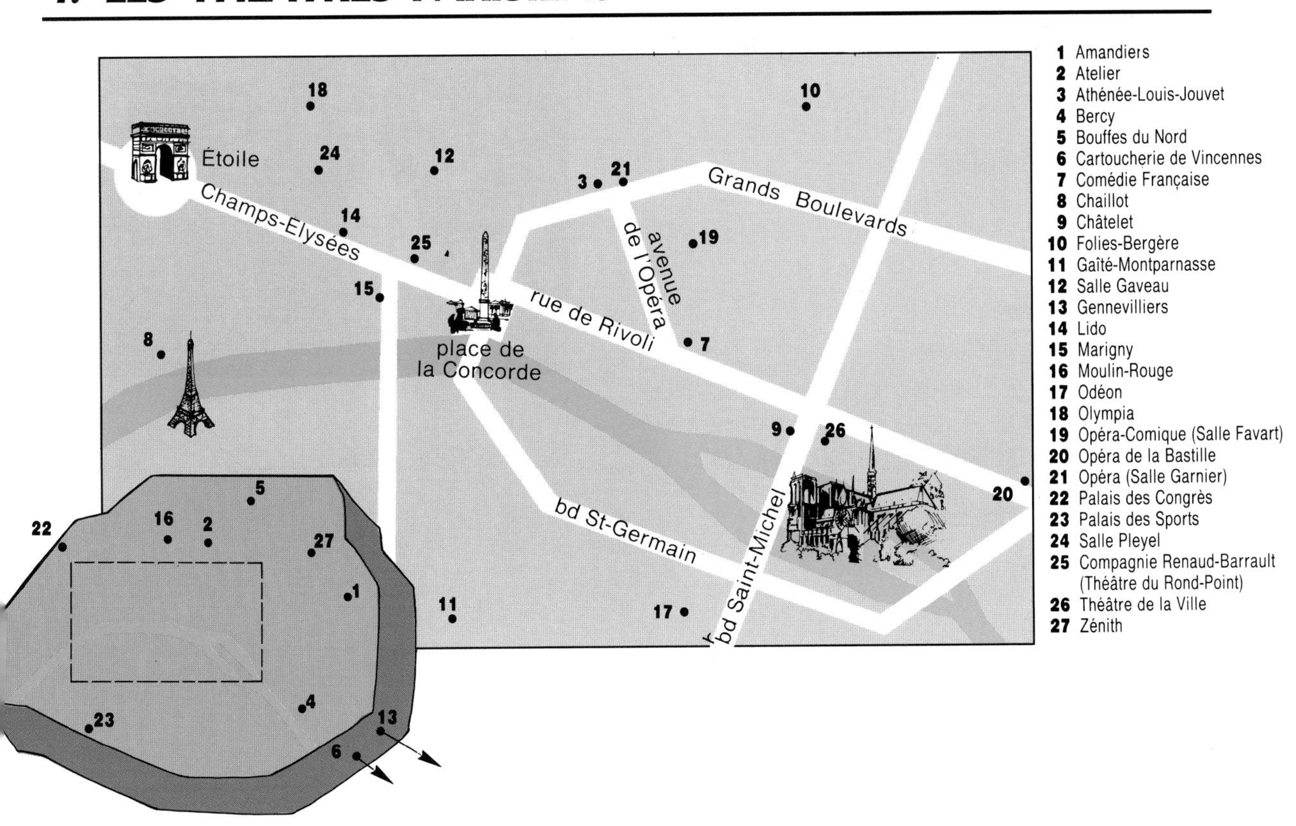

Construit sous Napoléon III par Charles Garnier, l'Opéra de Paris constitue la plus belle réussite monumentale du Second Empire. Décoré par le peintre Chagall (1887-1985), le plafond est inspiré d'opéras et de ballets célèbres.

Plafond de l'Opéra de Paris, décoré par Marc Chagall.

2. PRENEZ VOS BILLETS !

Pour réserver une place de théâtre, vous pouvez :
- téléphoner,
- écrire,
- réserver par minitel,
- vous adresser au théâtre même,
- passer par une agence.

Kiosque théâtre

15, place de la Madeleine 8e

intéressant, ce guichet qui nous offre toutes les places de théâtre et de spectacles invendues à moitié prix, pour le jour même et jusqu'à épuisement. Certains jours, il y a la queue. Ouvert de 12 h 30 à 20 h (18 h le dimanche). Fermé lundi.

Et aussi :
Forum des Halles – Station du RER (1er)
Métro RER et Châtelet
Ouvert de 12 h 45 à 19 h. Fermé dimanche et lundi.

COMMENT RÉSERVER VOS PLACES À LA COMÉDIE-FRANÇAISE ?

Par abonnement

Quatre spectacles au choix

A	LA FOLLE JOURNÉE OU LE MARIAGE DE FIGARO	15 sept.-1er janv.
E	L'AVARE	16 sept.-29 oct.
F	AMOUR POUR AMOUR	20 sept.-15 nov.
B	LORENZACCIO	21 oct.-mi mars
G	LE MISANTHROPE	31 oct.-15 janv.
C	COMME IL VOUS PLAIRA	15 déc.-fin avril
H	BRITANNICUS	9 janv.-mi avril
D	L'AUTRE TARTUFFE OU LA MÈRE COUPABLE	17 févr.-fin juin
I	LA VIE DE GALILÉE	24 mars-fin juillet
K	HUIS CLOS	5 mai-fin juillet
L	LE MARIAGE FORCÉ/LE MÉDECIN MALGRÉ LUI	9 juin-fin juillet

Spectacles A et C à tarif exceptionnel.

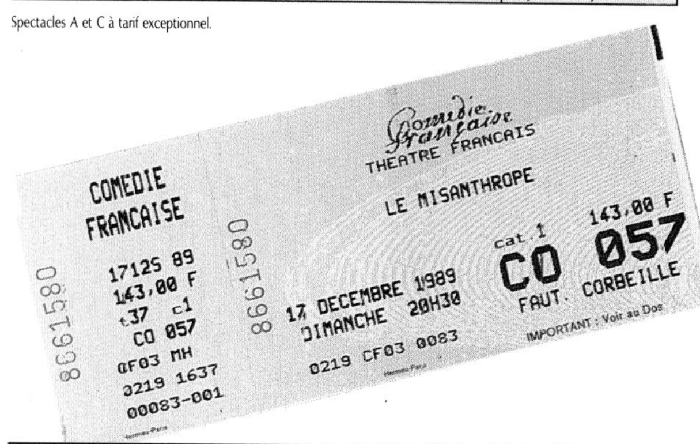

Les demandes sont traitées dans l'ordre d'arrivée et dans la limite du contingent de places disponibles.

Abonnement sans les spectacles A et C
488 F 288 F 216 F 152 F

Abonnement avec le spectacle A ou C
526 F 329 F 242 F 172 F

Abonnement avec les spectacles A et C
564 F 370 F 268 F 192 F

Les abonnés choisissent les dates en cours de saison à l'aide d'un calendrier et d'un formulaire de réservation par correspondance.

Renseignements : 40.15.00.15 de 14 h à 17 h 30, du lundi au vendredi.

Par correspondance

Au moins deux semaines avant la date de la représentation choisie. Joindre le règlement et une enveloppe timbrée, à la demande de réservation ; et si possible, indiquer plusieurs dates.
Attention : les demandes sont traitées dans leur ordre d'arrivée et dans la limite des places disponibles. Les « **Amis de la Comédie-Française** » bénéficient d'une priorité.
Adresse : Comédie-Française – Service de location
B.P. 266, 75021 Paris Cedex 01.

Entraînez-vous

- Vous voulez réserver une place
  - 3 semaines avant la représentation
  - 8 jours avant

  Que pouvez-vous faire ?
- Vous décidez le soir-même d'aller à la Comédie-française. Est-ce possible ?

  Que faites-vous ?

Aux guichets de la Comédie-Française

2, rue de Richelieu, Paris 1er ; métro Palais-Royal.
À partir du 15e jour précédant la représentation, tous les jours de 11 h à 18 h et le soir de la représentation choisie, dès 19 h 45.

Par téléphone en composant le 40.15.00.15

du 15e au 6e jour précédant la représentation, tous les jours de 11 h à 18 h.
Toute réservation non réglée quatre jours avant la représentation, sera annulée.

Imaginez le dialogue

- M. Dubois demande une place de 1er Balcon de face.
- M. Dupont demande une place de fauteuil de 2e Balcon 1er rang de face.

Salle Richelieu

Nombre de places	Catégories des places	Tarif normal	Tarif exceptionnel	Groupes hors abonnement tarif normal	ABONNEMENT « individuel »		
					SANS LES SPECTACLES **A et C**	AVEC LE SPECTACLE **A ou C**	AVEC LES SPECTACLES **A et C**
470	**1** Orchestre et Baignoires – Corbeille et 1er Balcon face – 1er et 2e rangs de Corbeille 3/4 – 1er rang de Corbeille de côté et de 1er Balcon 3/4.	**143**	**186**	**122**	**488**	**526**	**564**
189	**2** Fauteuils de Corbeille 3e, 4e, 5e rangs de 3/4 et 2e rang de côté – Avant-scène de Corbeille – Fauteuils de 1er Balcon, 2e rang de 3/4 et 1er rang de côté – Fauteuils de 2e Balcon, 1er et 2e rangs de face et 1er rang de 3/4.	**82**	**129**	**72**	**288**	**329**	**370**
79	**3** 3e et 4e rangs de Corbeille de côté-Avant-scène de 1er Balcon – Fauteuils de 2e Balcon, 3e rang de face – Fauteuils de Galerie de face.	**59**	**90**	**54**	**216**	**242**	**268**
42	**4** Fauteuils de 2e Balcon, 2e rang de 3/4 et 1er rang de côté.	**41**	**67**	**38**	**152**	**172**	**192**

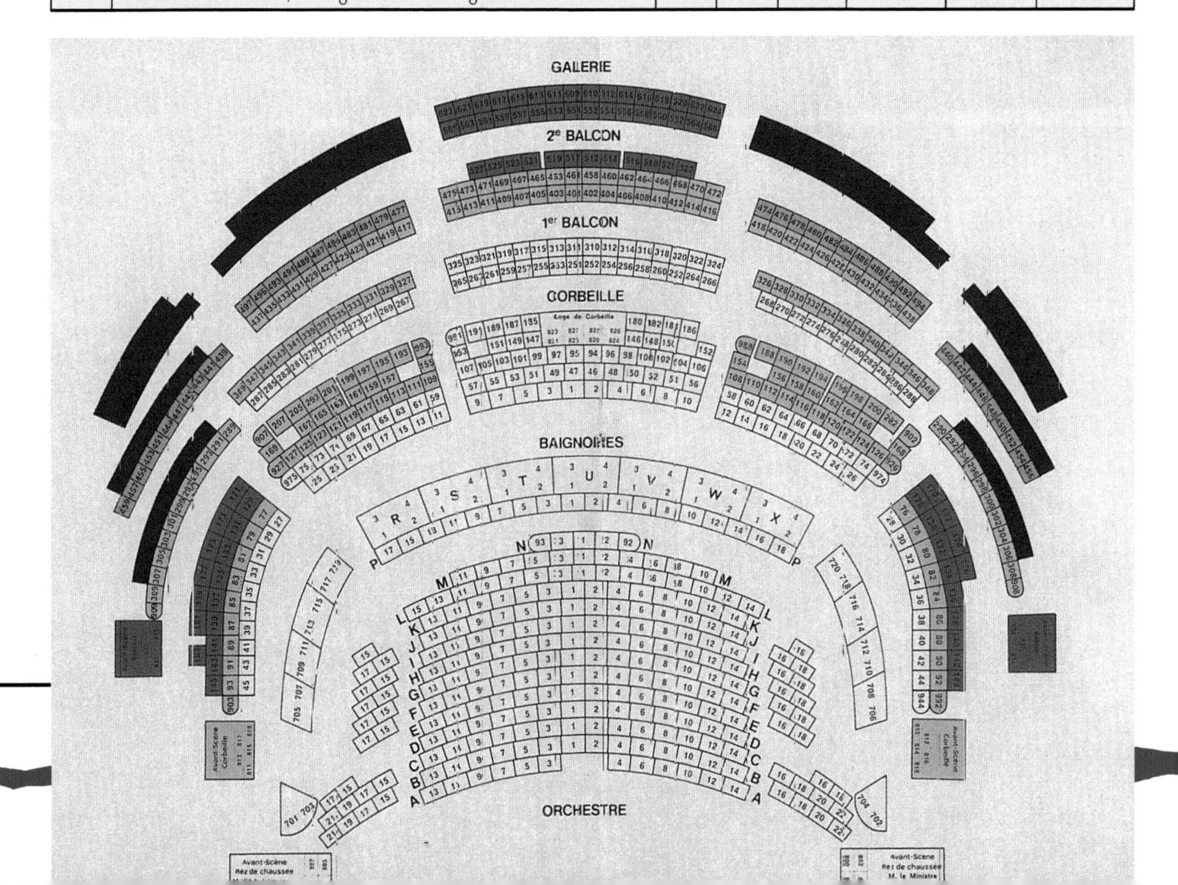

2. LES GRANDS MAGASINS

La Samaritaine

Les figures des fondateurs du magasin « Au Bon Marché » ont bien des points communs avec celles de M. et Mme Cognacq-Jay, fondateurs de la Samaritaine : même début de carrière modeste mais acharné, même sens du travail et des affaires, même idéal social. Louise Jay, avant d'épouser Ernest Cognacq, travaillait comme première vendeuse au Bon Marché. De son côté, Ernest vendait sa marchandise sous un grand parapluie rouge dans la corbeille de la deuxième arche du Pont Neuf.
C'est en souvenir de cet emplacement, à l'entrée du Pont Neuf là où autrefois s'élevait la pompe à eau La Samaritaine, qu'il baptisa le 21 mars 1870 son premier magasin de tissus.
Louise Cognacq-Jay savait vendre : « Vous voulez une robe qui vous aille bien, ma fille ? dit-elle à une cliente. Allez d'abord vous acheter un corset. On ne peut pas vous habiller convenablement fagotée comme vous l'êtes. » D'une pierre deux coups, elle vend la robe et le corset.
L'argent que ce couple gagne et dont il n'a pas besoin, il en fait bénéficier les employés à une époque où l'État ne prend pas encore en charge les allocations familiales et les assurances : il crée maternité, maison de retraite, pouponnière, orphelinat, centre d'apprentissage, etc., et lègue à la Ville de Paris des chefs-d'œuvre artistiques.

Le Bazar de l'Hôtel de Ville

Xavier Ruel loue en 1856 une boutique au coin des rues de Rivoli et des Archives, qu'il nomme le Bazar Napoléon. En 1870, politique oblige, le nom se transforme en Bazar de l'Hôtel de Ville. Avant de se décider pour cet emplacement, Xavier Ruel avait fait ce qu'on appellerait aujourd'hui une « étude de marché ». Disposant des vendeurs à différents emplacements de la ville pour vendre toutes sortes d'articles, il avait remarqué qu'à cet angle de la rue de Rivoli et des Archives, le chiffre d'affaires battait de toute façon tous les records, que le vendeur soit Paul, Jacques ou Jean, qu'il vende des chaussettes ou des mouchoirs.
C'est à Xavier Ruel que l'on doit le premier self-service : 400 personnes pouvaient y manger en même temps pour 40 ou 50 centimes. La grogne des commerçants voisins eut raison de son initiative mais l'arcature métallique existe encore rue de la Verrerie, témoin d'un élan d'audace. De l'autre côté de la Seine, sur l'île de la Cité, les écuries du magasin ainsi qu'une immense salle des fêtes pour les employés se sont assuré un avenir plus officiel puisqu'elle logent aujourd'hui des services de la préfecture de Police.

La Samaritaine.

Entraînez-vous

Localisez ces différents magasins sur un plan de Paris.

Le Printemps

La première construction du Printemps date de 1864, œuvre de l'architecte Jules Sédille pour le compte du fondateur Jules Jaluzot. Un incendie en 1881 va permettre au fils du premier architecte, Paul Sédille, de construire la première façade « mur-rideau » : la façade ne porte rien, c'est le rôle des piliers métalliques. C'est en 1905 que René Binet confirme ses talents conjugués d'architecte et de décorateur : escaliers, ascenseurs, verrières, tout est prétexte à la décoration et à la splendeur pour le plaisir des yeux.

Les Galeries Lafayette

Les Galeries Lafayette, dernier-né des grands magasins (1894), peuvent s'honorer d'avoir été les premiers à utiliser entièrement le ciment armé. Les architectes Chedanne puis Chenut ont mené les travaux à bien de 1907 à 1912 avec un tel art de la décoration qu'une impression de chaleur lumineuse dore la marchandise et donne envie à la cliente de s'éterniser.

© Revue *Ville de Paris*, nº 51 février 1984.

Le Bon Marché

De la petite boutique de nouveautés qu'il avait achetée rue du Bac en 1852, Aristide Boucicaut fit rapidement, avec l'aide de sa femme, le premier grand magasin de France.

À partir de ces textes, complétez la grille suivante :

	Où se trouve-t-il ?	Quand a-t-il été fondé ou construit ?	Par qui ?
Le Bon Marché	....	....	....
La Samaritaine	....	....	....
Bazar de l'Hôtel de Ville	....	....	....
Le Printemps	....	....	....
Les Galeries Lafayette	....	....	....

3. LES FEMMES ET LA MODE

Le plus souvent, portez-vous... ?

	Un chemisier féminin %	Une chemise unisexe %	Ne se prononce pas %	TOTAL %
Ensemble	72	19	9	100
AGE :				
- 15-24 ans	46	47	7	100
- 25-44 ans	66	25	9	100
- 45-59 ans	86	6	8	100
- 60 ans et plus	88	2	10	100

Comment, en une phrase, définiriez-vous votre style personnel ?

	Ensemble %
- Un style classique	29
- Un style simple	15
- Un style décontracté	10
- Un style moderne	10
- Un style sportif	6
- Me sentir bien dans ma peau	5
- Être très féminine	5
- Un style confortable	5
- Être élégante	4
- Un style sans excentricité	3
- Le style des personnes de mon âge	2
- Un style sexy, de séductrice	1
- Un style propre, net	1
- Être extravagante	1
- Un style discret	1
- Pas de style précis	2
	100

À quelle époque, parmi les suivantes, la mode a-t-elle, à vos yeux, le mieux montré les femmes ?

	Ensemble %
- Dans les années 30	28
- À la Libération	12
- Après mai 68	9
- Maintenant	37
- Ne se prononce pas	14
	100

Le plus souvent, portez-vous... ?

	Une jupe %	Un pantalon %	Ne se prononce pas %	TOTAL %
Ensemble	57	35	8	100
AGE :				
- 15-24 ans	20	74	6	100
- 25-44 ans	46	41	13	100
- 45-59 ans	66	25	9	100
- 60 ans et plus	89	6	5	100

Le Monde, Image de Femmes, 13.05.87.

Petite histoire de la mode

Observez ces dessins de mode. Décrivez-les. De quelle période sont-ils à votre avis ?

Entraînez-vous

Répondez à ce sondage. Comparez vos réponses à celles des Françaises.

TESTS

1 *Dites la même chose en utilisant « devoir »*

Téléphone ! Tu ....
Téléphonez ! Vous ....

Nettoie / Nettoyez } la voiture avant de partir ! { Tu .... / Vous ....

Dépêche-toi ! Tu ....
Dépêchez-vous ! Vous ....

Ne nous attends pas ! Tu ....
Ne nous attendez pas ! Vous ....

Essaie / Essayez } cette robe avant de l'acheter ! { Tu .... / Vous ....

Écris-lui ! Tu ....
Écrivez-lui ! Vous ....

Vous n'avez pas suivi ces conseils, que peut-on vous dire ? Trouvez plusieurs expressions possibles

Tu ....
Vous ....
Il ....

2 *Répondez en reprenant le nom ou le pronom souligné par un pronom et en le mettant en relief*

Tu as le plan de la salle !
Oui, c'est ....
Non, absolument pas, ce n' ....

Vincent a retrouvé le badge du conférencier ?
Oui, ...
Non, ...

Isabelle a gagné le match ?
Oui, ...
Non, ...

Vous conduisiez au moment de l'accident ?
Oui, ...
Non, ...

Pierre a cassé ces verres ?
Oui, ...
Non, ...

Vous avez pris les billets ?
Oui, ...
Non, ...

3

Vincent refuse d'aller au théâtre tout seul
de choisir un spectacle tout seul
de prendre sa voiture pour partir en vacances
d'attendre Pierre et Isabelle
de faire du vélo dans une région où il y a des côtes

Que dit-il ?

....
....
....
....

4

Écoutez les commentaires de ces spectateurs. De quel spectacle parlent-ils ? (music-hall, chansons, pièce de théâtre, film). L'ont-ils aimé ?

	Ils parlent de ...	Ils ont aimé		
		un peu	beaucoup	pas du tout
1er spectateur				
2e spectateur				
3e spectateur				
4e spectateur				

LE CHÂTEAU

25e épisode

À L'HÔTEL CONCORDE

Le chef du personnel : Entrez. Ah Vincent.

Vincent : Vous m'avez fait demander ?

Le chef du personnel : Oui, asseyez-vous... Vous allez accompagner Monsieur et Madame Berthier qui vont visiter les châteaux de la Loire.

Vincent : Bien Monsieur.

Le chef du personnel : Monsieur et Madame Berthier sont des clients très importants. Ils souhaiteraient visiter cette région. Voici les billets du voyage et un guide, étudiez-le bien. Vous partez demain.

Vincent : Vous pouvez compter sur moi.

Le chef du personnel : Je compte sur vous. Au revoir Vincent.

Vincent : Au revoir, Monsieur.

Vincent revient...

Le chef du personnel : Oui ?

Vincent : Excusez-moi de vous déranger.

Le chef du personnel : Je vous en prie...

Vincent : J'avais oublié les billets.

Le chef du personnel : Faites attention, vous êtes trop distrait.

Vincent : C'est vrai.

Le chef du personnel : Dans notre métier, il ne faut pas être distrait.

Vincent : Je vous promets de faire attention. Au revoir Monsieur.

Le chef du personnel : Au revoir Vincent.

DEVANT LE CHÂTEAU DE LANGEAIS

Vincent : Vous êtes ici face au château de Langeais qui fut construit vers les années 1460.

Madame Berthier : C'est un château de la fin du Moyen Âge.

Monsieur Berthier : Et du début Renaissance.

À L'INTÉRIEUR DU CHÂTEAU DE LANGEAIS

Vincent : Cet escalier nous conduit dans les salle du château.

4 ***Madame Berthier :*** Dans cette salle vous pouvez voir une très grande cheminée.

Monsieur Berthier : Le carrelage est magnifique.

5 ***Madame Berthier :*** Nous sommes ici dans la salle où fut célébré le mariage de Charles VIII qui épousa la très jeune Anne de Bretagne.

Monsieur Berthier : On croirait qu'ils sont vivant Les costumes sont superbes.

6 ### *DANS L'ESCALIER DU CHÂTEAU*

Vincent a perdu M. et Mme Berthier.

7 ***Vincent :*** Vous n'avez pas vu un Monsieur et un Dame.
Le Monsieur est assez grand.
Il a une veste verte et... la dame est plus petite.
Elle est brune.
Elle a une veste et une jupe noires.
Le Monsieur a les cheveux châtains.

Un visiteur : Non, désolé, je n'ai vu personne.

TOUJOURS DANS LES SALLES DU CHÂTEAU

Madame Berthier : On dirait qu'il lit vraiment.

Monsieur Berthier : Les poutres sont vraiment très belles.

Madame Berthier : Et très grandes.

8 ***Monsieur Berthier :*** Ici, nous sommes dans la chambre du roi et de la reine.

Madame Berthier : Le lit est vraiment magnifiqu

Vincent cherche toujours M. et Mme Berthier.

9 ***Vincent :*** Vous n'avez pas vu un Monsieur... et une Dame... ?
Le monsieur est assez grand.
Il a une veste verte. La dame est plus petite. Elle est brune. Elle a une veste et une jupe noires.

Un visiteur : Non, désolé, je n'ai vu personne.

Vincent : Vous n'avez pas vu un Monsieur et une Dame...
Le monsieur est assez grand.
Il a une veste verte. La dame est plus petite. Elle est brune. Elle a une veste et une jupe noires.

Un visiteur : Et le monsieur a les cheveux châtains. Si, si. Je les ai vus monter l'escalier. Ils sont sûrement sur le chemin de ronde.

10 ***Vincent :*** Vous n'auriez pas vu... un Monsieur et une Dame.
Le monsieur est assez grand.
Il a une veste verte. La dame est plus petite. Elle est brune. Elle a une veste et une jupe noires. Le monsieur a les cheveux châtains.

Un visiteur : Ils sont allés vers les caves.

DANS LA CAVE

11 ***Vincent :*** Ils se sont perdus.
Je les ai perdus.
Que va dire le directeur.

12 ***Monsieur Berthier :*** Ce vin est délicieux.

Vincent : Vous étiez là ?
Que faites-vous là ?
Je vous ai cherché partout.

Madame Berthier : Eh bien Vincent.
Où étiez-vous ? Vous étiez perdu.
On était inquiets.

Vincent : Excusez-moi. J'étais perdu.

Madame Berthier : Tenez, prenez un verre.

1. Le conditionnel

... pour conseiller

Vous devriez... (rappel, voir p. 109)
Vous êtes fatigué ! Vous devriez vous reposer.

... pour exprimer un souhait

je voudrais ...
J'aimerais ...
Je souhaiterais ...

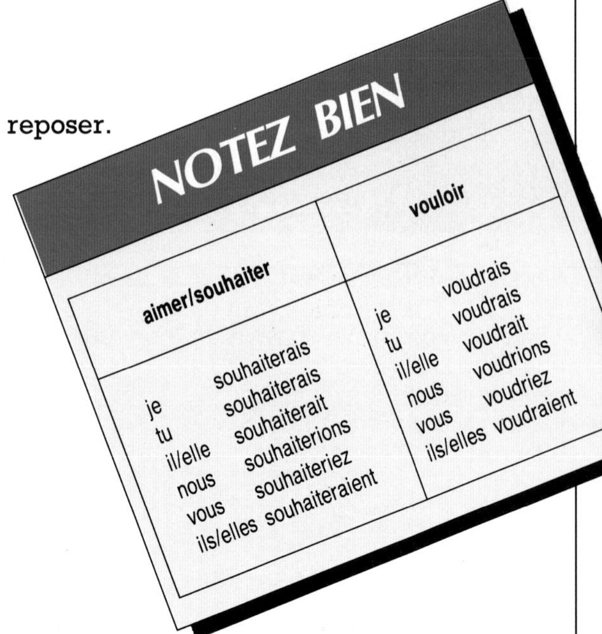

NOTEZ BIEN

aimer/souhaiter		vouloir	
je	souhaiterais	je	voudrais
tu	souhaiterais	tu	voudrais
il/elle	souhaiterait	il/elle	voudrait
nous	souhaiterions	nous	voudrions
vous	souhaiteriez	vous	voudriez
ils/elles	souhaiteraient	ils/elles	voudraient

Observez

Monsieur le Directeur, il y a une personne au téléphone qui voudrait vous parler.

Messieurs,
J'aimerais que nous parlions des résultats de notre entreprise. Je souhaiterais vous réunir demain à 6 heures.

Répondez aux questions en utilisant « aimer, souhaiter » ou « vouloir »

Quelle région de France aimeriez-vous visiter ?
Dans quel pays voudriez-vous partir en vacances ?
Quel métier aimeriez-vous faire ?
Quelle actrice voudriez-vous être ?
Quel appartement voudriez-vous avoir ?
Quel sport voudriez-vous faire ?
Pourquoi ?

Je, nous .....

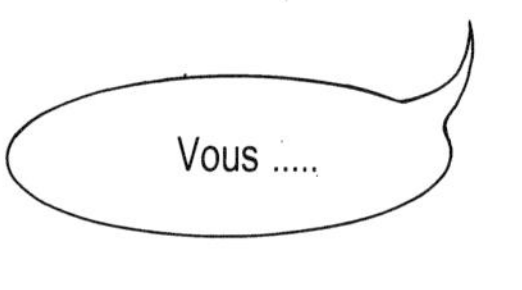

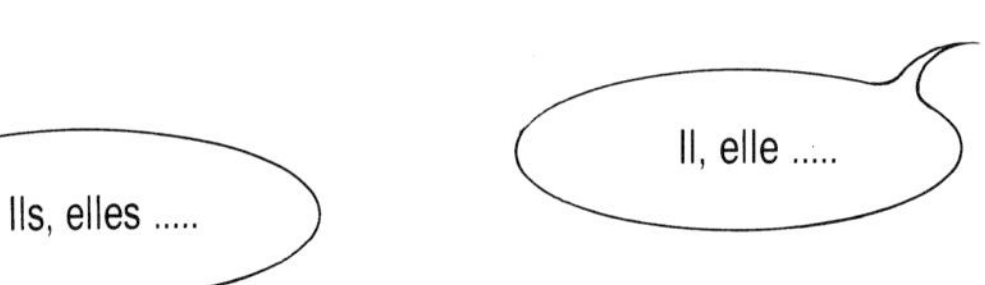

... pour demander un objet ou un service

Observez

Poliment : Avez-vous du sel ?
As-tu du sel ?

Très poli : Auriez-vous du sel s'il vous plaît ?
Aurais-tu du sel s'il te plaît ?

Pouvez-vous me réserver une table ?
Peux-tu me réserver une table ?

Pourriez-vous me réserver une table, s'il vous plaît ?
Peux-tu me réserver une table, s'il te plaît ?

Demandez poliment ou très poliment

un objet
- un verre d'eau
- un stylo
- une serviette de table
- de la monnaie

un service
- prêter un stylo
- apporter une fourchette
- fermer la fenêtre
- faire de la monnaie
  (= donner de la monnaie)

... On croirait que / On dirait que

Observez

On croirait / On dirait } qu'ils sont vivants !

(≃ Ils sont presque vivants.
Ils ne sont pas vraiment vivants,
ils ont l'air vivants.)

- Regarde cette photo, on dirait (que c'est) Patrick.
- Mais oui ! Il me semble que c'est lui.

(≃ C'est peut-être Patrick.
Mais je n'en suis pas tout à fait sûr.)

Que peut-on dire pour commenter ces images

... Si + imparfait, conditionnel

Observez

Si j'avais le temps, je ferais du sport tous les jours.
j'aurais un bateau.
je me promènerais sur les quais.
je prendrais un café dans un bistrot.
j'irais au cinéma, au théâtre.
je lirais,
je recevrais des amis chez moi.
j'écrirais.
et... je serais plus calme.

Apprenez

faire	prendre	aller	écrire lire choisir
je ferais tu ferais il/elle ferait nous ferions vous feriez ils/elles feraient	je prendrais tu prendrais il/elle prendrait nous prendrions vous prendriez ils/elles prendraient	j'irais tu irais il/elle irait nous irions vous iriez ils/elles iraient	j'écrirais tu écrirais il/elle écrirait nous écririons vous écririez ils/elles écriraient
être	**avoir**	**travailler**	
je serais tu serais il/elle serait nous serions vous seriez ils/elles seraient	j'aurais tu aurais il/elle aurait nous aurions vous auriez ils/elles auraient	je travaillerais tu travaillerais il/elle travaillerait nous travaillerions vous travailleriez ils/elles travailleraient	

Et vous, que feriez-vous si vous aviez le temps ?
si vous étiez Président de la République ?
si vous étiez propriétaire d'un château ?
si vous aviez à monter un musée ?

2. Décrire

Observez

Françoise a **les** / **des** cheveux blonds — **les** / **des** yeux bleus — **un** petit nez

Attention !

	adjectif placé après	adjectif placé avant
on utilise	**le, la, les** ou **un, une, des**	**un, une, des** seulement

NOTEZ BIEN

VOUS POUVEZ AVOIR		
les / des } cheveux { blonds, bruns, roux, noirs, gris, blancs	de petits yeux bleus, verts de grands yeux noirs, bruns, ronds, en amande	des / les } lèvres { fines, épaisses une { grande, petite } bouche
un / le } nez { long, grec, retroussé	les / des } cheveux { courts, longs	une / la } bouche en cœur
un / le } visage { rond, carré, ovale	un { gros, petit } nez	le / un } front { haut, bas, bombé

Décrivez les personnages des tableaux suivants

Pablo PICASSO, « Femme au chapeau blanc », 1921, Paris, Musée de l'Orangerie.

Pablo Picasso
1881-1973

peintre et sculpteur espagnol, a produit en France une œuvre multiforme qui a beaucoup influencé l'évolution de l'art moderne (cubisme par exemple).

Amadeo Modigliani
1884-1920

Né en Italie, il s'installe à Montmartre en 1906. Les portraits de Modigliani sont reconnaissables à la souplesse des lignes, à leurs tons chauds et lumineux.

Amadeo MODIGLIANI, « Hanka Zborowska au bougeoir », 1919, Paris, Collection particulière.

Henri MATISSE, « La blouse roumaine », 1940, Paris, Musée National d'Art Moderne.

Henri Matisse
1869-1954

Reconnu comme le chef de file du féminisme, dont il se détachera peu à peu, Matisse est un peintre de l'harmonie et de l'équilibre. Ses portraits, comme ses paysages, le caractérisent par la richesse et la pureté des couleurs et par la solidité de son dessin.

Auguste Renoir
1841-1919

parmi les impressionnistes, est celui qui a beaucoup peint les gens heureux en famille ou réunis pour une fête (lyrique et sensuel).

Auguste RENOIR, « Portrait de deux fillettes », 1890/1892, Paris, Musée de l'Orangerie.

SAVOIR VIVRE

1. CHÂTEAUX DE FRANCE

Petit lexique

Les parties d'un château

Les différents châteaux

Retrouvez la légende qui va avec la photo

- On franchit la grille en fer forgé dorée avant de traverser la cour d'Honneur aux gros pavés, bordée de chaque côté par deux bâtiments de pierre et de brique. Celui de gauche fut construit par Le Vau, celui de droite par Mansart.
Au milieu de la cour, trône la statue équestre de Louis XIV.
On arrive ensuite dans la cour de Marbre, d'où l'on accède aux appartements du roi, décorés par Le Brun et qui sont le témoignage de l'adaptation du baroque italien aux goûts français.
Le parc, conçu par Le Nôtre, est rigoureusement ordonné autour de grands axes qui permettent d'accéder aux parterres et aux bassins animés de statues et de fontaines.

- Rebâti aux 13e, 14e et 15e siècles, c'est une forteresse triangulaire : trois tours principales se dressent à chacun des angles. L'entrée est défendue par un puissant châtelet, flanqué de deux grosses tours à mâchicoulis.

- Le château illustre le passage du style gothique au style renaissance : ses défenses ne sont plus que des ornements ; les tours fortes sont devenues des tourelles élégantes, le chemin de ronde, un joli balcon et les douves un miroir d'eau. Il fut construit entre 1518 et 1529 par le financier Gilles Berthelot, dans le lit même de l'Indre. Sa femme, comme Catherine Briçonnet à Chenonceaux, dirigeait les travaux, ce qui explique sans doute l'extrême raffinement de l'aménagement intérieur, avec son escalier droit. Le château est aujourd'hui un musée de la Renaissance.

Lequel de ces rois aurait pu habiter chacun de ces châteaux

3

MÉROVINGIENS 270 ans

Clovis

CAROLINGIENS 236 ans

Charlemagne

CAPÉTIENS 341 ans

Philippe-Auguste

Louis IX
(dit Saint-Louis)

VALOIS 261 ans

François 1er

BOURBONS 237 ans

Henri IV

Louis XIV

3. ET COMME BOISSON ?

LES FRANÇAIS BUVEURS DE VIN ?

Quel vin choisir ?

Avant de composer votre repas, sachez que le mariage des plats et des vins obéit à certaines lois :

– Il y a des plats avec lesquels on ne doit en principe jamais servir de vins : les mets très épicés, les œufs, les salades ou les potages, les desserts au chocolat.

– Les poissons, les crustacés, et les coquillages s'accommodent bien d'un vin blanc sec : Bordeaux blancs, Bourgognes blancs, vins d'Alsace, Sancerre.

– Les volailles se servent avec des Bordeaux, des vins du Rhône, ou des Côtes-de-Provence.

– Les viandes rouges se mangent avec des Bordeaux, des Beaujolais.

– Le gibier s'accommode de vins plus forts comme le Bourgogne.

– Les desserts peuvent être accompagnés de vins blancs liquoreux.

Mais il n'est pas interdit – c'est même considéré comme un luxe – de faire tout un repas au champagne...

L'étiquette vous renseigne sur :

A. L'origine du vin (dans le cas des vins les plus fins, elle indique même le nom du propriétaire de la vigne, du château, ou du village où elle se trouve.)

B. Son degré d'alcool.

C. La contenance de la bouteille (73 cl, 50 cl, etc.)

D. Son millésime (année de production).

Pour les très grands crus, certaines bouteilles sont numérotées à la manière des éditions rares dans le livre.

Seuls les vins d'appellation contrôlée (460 environ) et les vins délimités de qualité supérieure (une quarantaine) ont le droit de porter sur l'étiquette le nom du « pays » d'origine (on parlera de grands vins, de premiers crus, de deuxièmes crus...).

Les vins sont soumis à des contrôles très stricts. Ils sont moindres pour les vins de pays, les vins de marque, ou les vins de consommation courante, mais l'étiquette doit indiquer leur degré d'alcool.

Droits réservés.

Comment le boire ?

Le vin rouge doit le plus souvent être servi chambré, c'est-à-dire à la température des pièces d'autrefois, autour de 18°.
Les vins blancs, eux, se consomment bien frais. Quant au champagne, il se sert frappé, c'est-à-dire très frais : on le présente d'ailleurs dans le traditionnel seau à glace.
Sans être un authentique oenophile (amateur de vin), vous jugerez la qualité d'un vin à sa robe d'abord, dont vous apprécierez la couleur et l'intensité en élevant le verre à la hauteur de vos yeux, en le portant à votre nez et en le faisant tourner un peu pour en respirer longuement les parfums. Ce n'est qu'ensuite que vous le goûterez vraiment.

Quelles années choisir ?

« Millésimes du siècle » – pour l'instant –, il faut mentionner 1929 et 1945. Certains grands premiers crus de ces années fastes peuvent atteindre 3 500 F la bouteille. Moins cher, car plus récent, le millésime 1975 n'en n'est pas moins exceptionnel en Bordeaux et de très grande facture – qualité – aussi bien en Alsace et Bourgogne, qu'en Côte-du-Rhône ou vins du Val-de-Loire.
Notons que pour les Champagnes, s'il convient de saluer 1959 et 1970, c'est seulement pour mémoire... En effet, le Champagne doit être bu jeune. Au-delà de dix ans il vieillit mal. Ne pas trop attendre pour le boire. À « sabrer » dès qu'il vous plaira !

TESTS

1

Que pouvez-vous demander *(poliment !)*
Donnez des précisions sur ce que vous demandez

- chez un épicier
- chez un boucher
- au guichet d'un théâtre
- dans un magasin de vêtements
- dans un magasin de sports
- au restaurant de votre entreprise

2

Quels services pouvez-vous demander *(toujours poliment !)*

- à votre directeur
- à votre secrétaire
- au garçon, dans un restaurant

3

Transformez les phrases proposées, en utilisant un conditionnel

Si on prenait un café ?	Je prendrais bien un café. Tu ne prendrais pas un café ?
Si on allait au cinéma ?	....
Si on faisait une partie de tennis ?	....

4

Transformez les phrases suivantes, en utilisant si + imparfait et le conditionnel

S'il fait beau, nous ferons du bateau.
S'il y a des places, ils iront au théâtre.
Si Paul est en forme, nous irons au bord de la mer.
Si cela vous fait plaisir, vous pourrez prendre ma voiture.
Si j'ai le temps, je prendrai un verre.
Si je suis libre, je sortirai.

5 *Décrivez les personnages suivants*

FÊTE NATIONALE

26e épisode

À L'HÔTEL CONCORDE

1

Pierre : Bonjour.

Isabelle : Bonjour.

Vincent : Au revoir à demain. On vous racontera le 14 juillet.

Pierre : Veinards. Si tu as le temps, téléphone-moi pour me raconter comment ça s'est passé.

Vincent : Courage !...

Françoise : Pourvu qu'il ne pleuve pas.

Isabelle : Au revoir.

Françoise : On a deux heures devant nous. Je passe chez moi me changer.

Vincent : On se retrouve dans une heure et demie sur les Champs Elysées, devant le cinéma Marignan. C'est une bonne place pour voir le défilé.

Françoise : D'accord, devant le cinéma Marignan. Dans une heure et demie.

Vincent : J'espère que tu seras à l'heure.

Françoise : Je te promets que je serai à l'heure.

SUR LES CHAMPS-ELYSÉES

2

Un spectateur : Il est interdit de traverser. Le défilé ne va pas tarder.

Vincent : Mais je dois rejoindre quelqu'un, en face.

Vincent et Françoise se retrouvent.

3

Françoise : Eh bien alors ? Tu m'avais dit devant le cinéma Marignan !

Vincent : Ne te fâche pas. Je me suis trompé.

Françoise : Ce n'est pas grave, je suis très contente de passer ce 14 juillet avec toi.

Vincent : Moi aussi, je suis très content. Tiens, voilà les gardes républicains.

Françoise : Tu es sûr ?

Un voisin : C'est exact. Ce sont les gardes républicains.

Françoise : Ils sont à cheval.

Vincent : Les avions !

Françoise : Les hélicoptères !

4 **Vincent :** Les St-Cyriens !
Les élèves de l'École Polytechnique !

Françoise : Il y a des femmes.

Vincent : Oui, oui.
Tiens, l'armée de terre !

Françoise : Dis donc, il y a des chiens...

Vincent : Et ce sont les marins.

Françoise : Et ça les pompiers.

AU ROND-POINT DES CHAMPS-ÉLYSÉES

5 **Françoise :** C'est sympa, le 14 juillet.

Vincent : Oui, je suis sûr qu'on va passer une trè
bonne journée.

Françoise : Oh il pleut. Si on allait au théâtre, aujourd'hui c'est gratuit.

Vincent : Oui, à l'Opéra ou à la Comédie Française.

DEVANT LA COMÉDIE FRANÇAISE

6 **Françoise :** Trop tard, c'est déjà commencé.

Vincent : Si on allait à l'Opéra ?

PLACE DE L'OPÉRA

7 **Vincent :** Il y a trop de monde.

Françoise : On va à la fête aux Tuileries ?

Vincent : S'il ne pleut plus, bonne idée.

AU JARDIN DES TUILERIES

Françoise : Si on allait visiter un musée ?

Vincent : Oui, on peut aller au Musée Picasso.

AU MUSÉE PICASSO

AU BAL DU 14 JUILLET

Vincent : J'ai très envie de te poser quelques questions.

Françoise : Vas-y si tu veux.

Vincent : Ça fait combien de temps que nous nous connaissons ?

Françoise : Deux mois.

Vincent : Quatre-vingt sept jours !

Françoise : Tu les as comptés ?

Vincent : Oui, j'y pensais hier soir.

Françoise : Tiens, moi aussi.

Vincent : Quoi, toi aussi ?

Françoise : Hier, je pensais à notre première rencontre.

Vincent : À l'aéroport ?

Françoise : Tu as oublié, à l'aéroport tu ne m'avais pas trouvée...

Vincent : Tu te souviens ?

Françoise : Comme si c'était hier.

Vincent : Tu veux boire quelque chose ?

Françoise : Un jus de fruit.

Vincent : Qu'est-ce qui te fait rire ?

Françoise : Toi.

Vincent : Comment moi ?

Françoise : Non rien.
Tu pourrais m'inviter à danser !

Vincent : Tu sais bien que j'en ai envie.

Françoise : Eh bien, allons danser...

REVOYONS UN PEU ... POUR ALLER PLUS LOIN

1. Le passé :
Il y a..., Ça fait... que..., Depuis...

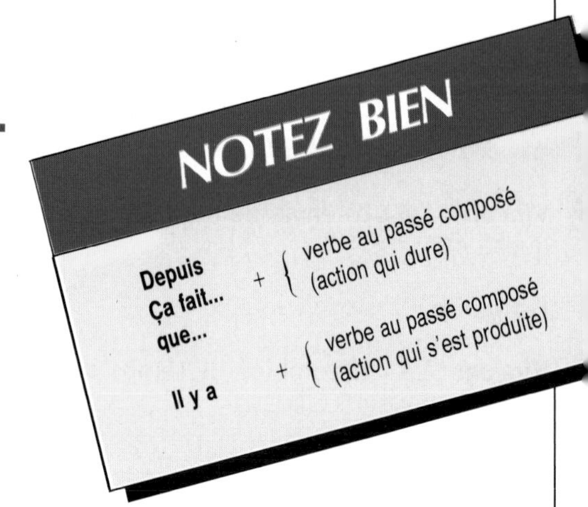

- ***Observez***

Ça fait deux mois **que** nous nous connaissons.
ou
Nous nous connaissons **depuis** deux mois.
mais
Nous nous sommes connus **il y a** deux mois.

- ***Complétez avec « depuis » ou « il y a »***

Ils travaillent au Concorde ..... deux mois.
Ils ont commencé à travailler au Concorde ..... deux mois.

Ils sont au bar ..... dix minutes.
Ils sont entrés au bar ..... dix minutes.

La Comédie française existe ..... trois cent-dix ans.
Louis XIV a créé la Comédie française ..... trois cent-dix ans.

Cette entreprise fabrique des téléviseurs ..... deux ans.
Cette entreprise s'est mise à fabriquer des téléviseurs ..... deux ans.

Tu te souviens ?

- ***Rappelez-vous la conjugaison des verbes pronominaux***

je me souviens
tu te souviens
il/elle se souvient
nous nous souvenons
vous vous souvenez
ils/elles se souviennent

- ***Retrouvez d'autres verbes pronominaux (p. 12) et utilisez-les dans des phrases.***

Et vous, souvenez-vous !

- ***Racontez un ou deux épisodes au passé composé et à l'imparfait.***

Reproches ... !

à l'imparfait, au plus-que-parfait (sur le verbe dire), au conditionnel passé

▬ *Observez*

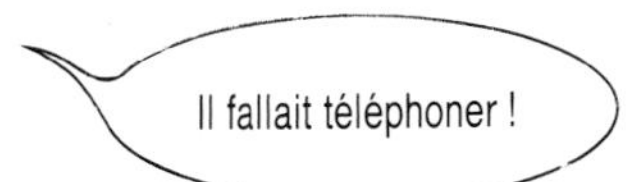

Vous auriez pu / Tu aurais pu } faire attention

ou si vous en avez déjà parlé

▬ *Imaginez les reproches qu'on peut faire*

- à quelqu'un qui n'a pas pris son parapluie.
- à quelqu'un qui n'a pas travaillé.
- à quelqu'un qui n'a pas réservé de places.
- à quelqu'un qui n'est pas allé voir son directeur.
- à quelqu'un qui n'a pas préparé son discours.

2. Le présent

▬ *Observez*

Je suis content d'être avec toi.

▬ *Retrouvez les mots et les expressions qui traduisent des sentiments, des impressions.*

J'ai .... Je suis ....
....
....

▬ *Observez*

Je suis content que tu sois là.

▬ *Exprimez vos sentiments sur les faits suivants.*

Il n'y a plus de place à la Comédie française. Je suis ....
Je serais ....

La pluie a sali ta robe.
Nous avons deux heures devant nous.
Il y a trop de monde, il ne peut rien voir.
Nous passons une journée formidable !
Tu arrives à l'heure !
Vous choisissez cette robe ?
Tu prends un verre avec moi ?
Vous nous accompagnez en Provence ?
Tu viens faire une partie de tennis ?
Nous voyons bien le défilé.

3. Et l'avenir... Parler du futur

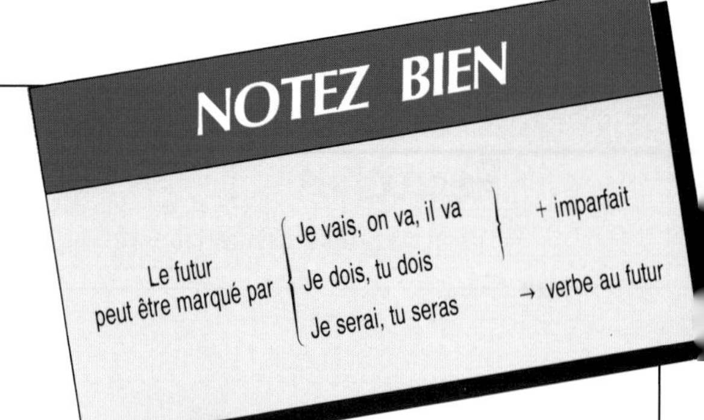

Observez

- Au revoir, à demain. On vous racontera le 14 juillet.
- Le défilé ne va pas tarder.
- Je dois rejoindre quelqu'un.

Transformez les phrases suivantes en utilisant une de ces structures et en ajoutant un complément de temps
dans une heure, 3 jours..., demain, mardi prochain, etc.

Les gardes républicains arrivent.
Le théâtre ferme.
Je change de robe.
Nous nous retrouvons devant le cinéma Marignan.
Faisons un bon repas.
Je vais au musée du Louvre.

Espérer

Observez

- J'espère que tu seras à l'heure !
- Pourvu qu'il ne pleuve pas !

Transformez les phrases suivantes en utilisant « j'espère que... » ou « pourvu que »

La pièce est-elle intéressante ?
Le directeur veut-il m'augmenter ?
Aurons-nous des places pour le théâtre ?
Isabelle peut-elle acheter une robe ?

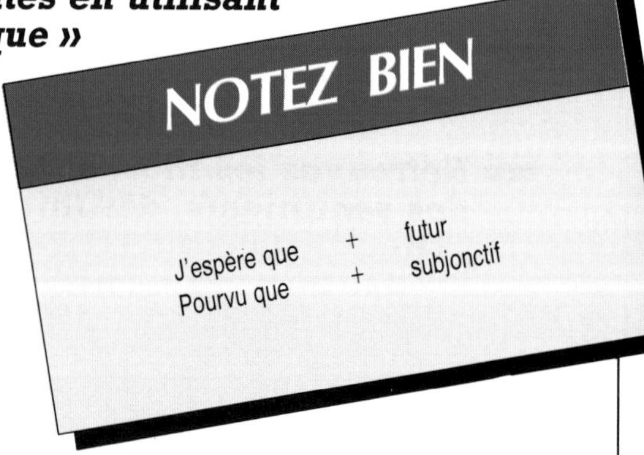

Promettre

Observez

Je te promets d'être à l'heure.
Je te promets que je serai à l'heure.

Transformez les phrases suivantes en utilisant le futur

Je vous promets de téléphoner. → ....
Promets-moi de m'écrire. → .... ?
Je te promets de choisir de bonnes places. → ....
Vous me promettez de sortir avant sept heures ? → .... ?
Je te promets de ne pas partir très tôt. → ....
Vous promettez de venir ? → ....

Et vous... Si vous veniez en France !!

Suggérer

Observez

- Tu pourrais m'inviter à danser (direct).
- Si tu m'invitais à danser (moins direct) ?

1. PARIS D'AUJOURD'HUI ET DE DEMAIN

Laisser sa signature dans la pierre. Cela a toujours été le rêve de ceux qui dirigent le pays : les rois, Louis XIV avec Versailles, mais aussi, plus récemment, les présidents de la République. La Tour Montparnasse à Paris et les premiers immeubles de La Défense sous le général de Gaulle, le Centre Beaubourg sous Pompidou, des autoroutes et la suite de La Défense sous Giscard d'Estaing qui a préféré « les grands travaux » aux bâtiments. François Mitterrand, lui, a vu grand, très grand. Sept chantiers à Paris. Deux commencés avant sa venue au pouvoir, le Musée d'Orsay et le Musée de La Villette, et cinq grands projets. Chacun de ces bâtiments (sauf le Ministère des Finances à Bercy...) abritent une forme de culture : les sciences et les techniques à La Villette, la communication à La Défense, les arts plastiques au Louvre, l'histoire à Orsay, la sociologie à l'Institut du monde arabe, la musique à la Bastille et au Parc de La Villette. Les « chantiers du président », c'est un pari pour l'avenir, le visage de Paris-demain. Paris-demain qui montre déjà le bout de son nez.

Carte de visites

Si vous devez faire visiter Paris au pas de charge à des amis étrangers, vous les aiderez à vite rentabiliser cette nouvelle carte. Et, avantage de taille, vous ne ferez plus la queue comme un vulgaire touriste. Ce qui fait rêver quand on pense à la file d'attente de certains musées. Du Louvre à l'Arc de Triomphe, elle donne accès libre et illimité à 60 musées et monuments, pour un jour (50 F), 3 jours (100 F) ou 5 jours (150 F). Le château de Versailles est compris, mais pas la tour Eiffel ni les expositions temporaires. Carte Musées, en vente dans le métro, l'Office de Tourisme de Paris et les principaux musées.

Palais Omnisports Paris-Bercy

53 000 m², 30 m de haut.
Date des travaux : 1981 à février 1984

Coût : 600 millions de francs
Architectes : MM. Andrault, Parat et Gauvan (français)

La Pyramide en chiffres ▶

Haute de 20 m et large à la base de 32 m.
Mise en place de cette pyramide : automne 1986.
Ouverture du Grand Louvre : décembre 1987.

Coût : 2 000 millions de francs, en comptant bien sûr tous les aménagements d'accueil du Grand Louvre. La pyramide n'est que la « partie » spectaculaire d'une rénovation d'ensemble.

Architecte : Ieoh Ming Pei, sino-américain de 68 ans.

La Cité des Sciences et des Techniques

275 m de long, 125 de large, 40 de haut.
Ouverture au public le 14 mars 86 de 50 % des équipements.
Exposition permanente sur 30 000 m² et de nombreux lieux d'activité.

La Géode

La salle de cinéma avec écran hémisphérique de 1 000 m², immerge complètement le spectateur dans l'image et le son.

Ouverture : 6 mai 1985.

Architecte : Adrien Fainsilber (français).

Coût : 4 450 millions de francs.

▼

Centre National d'Art et de Culture Georges Pompidou

166 m de long, 45 m de large.
10 étages, dont 3 sous-sols avec une superficie totale ▶ de 100 000 m².
Ouverture au public le 31 janvier 1977.

Architectes :
Renzo Piano (italien)
Richard Rogers (anglais).

Coût : 1 260 millions de francs.

PARIS D'AUJOURD'HUI ET DE DEMAIN (suite)

Une prouesse technique

La Grande Arche se présente comme un immense cube ouvert de 110 mètres de côté, posé sur de formidables piles fondées sous le parvis de la Défense. Elle a été disposée avec un décalage de six degrés par rapport à l'axe historique. Coïncidence heureuse : ce léger biais répond exactement à celui de la Cour Carrée du Louvre. Mais, ce léger décalage permet surtout, depuis la perspective historique, de voir le cube en volume, et non pas de découvrir seulement ses arêtes.
Véritable œuvre d'art, elle est revêtue de marbre de Carrare. Marbre blanc pour les pignons, les plus visibles lorsqu'on vient de Paris et de l'Ouest. Marbre gris et vert sur les immenses façades externes totalement lisses. Les façades intérieures alvéolées, et la sous-face du toit sont revêtues d'aluminium. Les structures principales sont soulignées par des bandes de marbre blanc à l'intérieur et de marbre gris à l'extérieur.
Les deux parois verticales, hautes de 35 étages, offrent chacune 40 000 m² de bureaux. Elles sont reliées entre elles en partie haute par un toit-terrasse vaste de plus d'un hectare, dans lequel seront aménagées des salles de réunions et de conférences, ainsi qu'un belvédère en plein air ouvert au public. La lumière y pénètre à travers quatre patios, sortes de jardins intérieurs, de 400 m² chacun.

Depuis le parvis de la Défense, le visiteur accède à la place intérieure de la Grande Arche par de larges escaliers de marbre. Il découvre les quatre ascenseurs panoramiques accrochés à des haubans d'acier et traverse le « nuage », grand velum transparent destiné à protéger le public des intempéries.
Les ascenseurs le transportent au belvédère d'où il peut observer d'un seul coup d'œil, dans un alignement parfait, l'Arc de Triomphe, les Champs-Élysées, l'Obélisque de la Concorde et, derrière le jardin des Tuileries, la Cour Carrée du Louvre.

Construction fin 1985 à fin 1988.

Architectes : projet de Johann Otto Von Spreckelsen (danois), terminé par Erik Reitzel (danois).

Coût : 2 700 millions de francs.

Entraînez-vous

À partir des fiches de présentation des autres monuments, rédigez un petit texte semblable

La Grande Arche de la Défense : un étage par semaine

Le 14 juillet 1789, le peuple prend la Bastille, symbole de la féodalité... Depuis, le 14 juillet est devenu la Fête Nationale française ! On danse à Paris et partout en France pour fêter toute la nuit cet événement de la Liberté...

TESTS

1 *Complétez avec « depuis » ou « il y a »*

Les magasins ont fermé .... 10 mn.
Les magasins sont fermés .... 10 mn.
J'ai mal aux jambes .... 1 mois.
Je me suis fait mal aux jambes .... 1 mois, en jouant au tennis.
Je connais Frédérique .... 10 ans.
J'ai rencontré Frédérique .... 10 ans, chez des amis.

2 *Mettez les verbes entre parenthèses au passé composé ou à l'imparfait*

Nous (rouler) sur une petite route, quand nous (perdre) Vincent.
Vincent et Pierre (attendre) au bord de la route. Isabelle et Françoise les (doubler) sans les voir.
Nous (être) très inquiets. Heureusement, les garçons (arriver).
Isabelle (entrer) dans la salle. Vincent (être assis) à la tribune !
Je (danser) avec la monitrice, quand elle (retirer) son masque.
Je (se promener) en voiture dans la région, mais je (tomber) en panne d'essence.
Ah vous voilà ! Je vous (chercher) pendant deux heures !

3 *Faites des phrases en utilisant plusieurs tournures, en vous adressant*

- à quelqu'un qui arrive en retard
- à quelqu'un qui arrive à un rendez-vous sans cravate
- à quelqu'un qui ne vous a pas attendu(e)
- à quelqu'un qui ne vous a pas aidé(e) à faire la cuisine
- à quelqu'un qui arrive sans vous avoir prévenu(e)
- à quelqu'un qui a renversé son verre sur votre robe

4 *Faites un petit récit en utilisant les verbes suivants (et d'autres verbes éventuellement)*

se dépêcher	Je ....
se tromper	Vous ....
se perdre	Tu ....
s'arrêter	Nous ....
se promener	Ils ....
s'asseoir	Elles ....

5 Retrouvez tous les compléments de temps que vous connaissez. Complétez les phrases suivantes en les utilisant :

Le Grand Louvre a été ouvert .... décembre 1987.
La gare d'Orsay a fonctionné .... 1939.
Le musée d'Orsay a été inauguré .... 9 décembre 1986.
.... de devenir un musée, Orsay était une gare.
Ce château a été construit .... XXe siècle.

6 Faites des phrases en utilisant

1) J'aimerais qu(e) { tu ....
nous ....
il ....

2) Pourvu qu(e) { nous ....
vous ....
il ....

3) J'espère qu(e) { tu ....
nous ....
il ....

et les expressions suivantes :
- pouvoir aller au match
- avoir des places
- être bien placé(e)s
- bien voir
- ne pas pleuvoir
- faire beau

En reprenant les mêmes expressions, exprimez votre satisfaction ou votre regret

Par exemple : Je suis content(e) que tu puisses ...
Je suis désolé(e) que tu ne puisses pas ...

7 Faites les suggestions suivantes, de plusieurs manières différentes

- Tu m'aides à monter la tente ?
- Vous m'accompagnez au théâtre ?
- Je vais chercher les billets ?
- Tu fais les courses ?
- Vous nous attendez devant le théâtre ?
- Tu prends la voiture ?
- Vous prenez un verre avec moi ?
- On va à la plage ?

Table des illustrations

Page	Crédit
6	ph © Pix / Gontscharoff
13 bg	ph © Pix / Cointe
13 d	ph © RATP
14 bd	© RATP
15	ph © Jerrican / Ivaldi
16	ph © Jerrican / O. Sebart
20	Ph © Jerrican / Transglobe
27	© Brobst
28 h	© Brobst
28 bd	ph © REA / Mario Fourmy
28 bg	ph © Pix / Benazet
29	© Association des Sociétés Françaises d'Autoroutes
32	© Ministère de l'Équipement, du Logement, des Transports et de la Mer
33 hg	ph © Jerrican / Limier
33 hd	ph © Dumontier
33 m	ph © Jerrican / Gus
33 b	© Michelin
36	ph © Pix / Gauthier
45	© Fédération Française de Camping et de Caravaning
46 h	ph © J.P. Dumontier
46 m	ph © Diaf / H. Gyssels
46 b	ph © Pix / Mathers
47 h	ph © Diaf / G. Biollay
47 m	ph © Diaf / J.P. Garcin
47 b	ph © Pix / H. Marcou
48 h	ph © Giraudon
48 m	ph © Pix
48 b	ph © R.M.N. © By Spadem, 1990
49 h	ph © Lapi-Viollet
49 b	© C. Charillon - Paris
52	ph © Zefa / Davie
60 h	© Météo-France
61 h	ph © Pix / E. Leroy
61 b	ph © Pix / Riby
62 b	ph © Sipa-Press / Lemond
63	© Musée National F. Léger © By Spadem, 1990
73 hg	ph © J.P. Dumontier
73 hm	ph © Pix / Pernot
73 hd	ph © Pix / Poinet
73 bg	ph © J.P. Dumontier
73 bd	ph © J.P. Dumontier
74	ph © Pix / Gauthier
75 bg	ph © Pix / Benazet
75 bd	ph © Pix / Benazet
78	ph © SIC.PTE
87	© C. Brétécher / Nouvel Observateur
90	ph © Pix / Gontscharoff
100 h	ph © Pix / Le Danois
100 mh	ph © Pix / Riby
100 mb	ph © Pix / Benazet
100 b	ph © Cédri / Gérard Sioen
101 hg	ph © Sipa-Press / G. Klein
101 hd	ph © Sipa-Press / G. Klein
101 bd	ph © Jerrican/Sims
104	© C. Charillon, Paris
112 h	ph © Sipa-Press / Benaroch
112 b	© Carpess
116	ph © REA / Maillac
123	© C. Charillon, Paris
124	© Document B.S.N.
125 h	ph © Jerrican / Valls
125 b	ph © Gamma / Reglain
127 h	ph © Jerrican / Dianne
128/129	ph © Jerrican / Couturier
129 hg	ph © Sipa-Press / Ph. Charvet
129 m	ph © R.M.N.
129 hd	ph © R.M.N.
129 bd	ph © R.M.N.
132	ph © Rapho / H. Donnezau
143	© Le Parisien
144	© C. Charillon, Paris
144 de haut en bas	Société Nationale de Jeux et Loteries
155	ph © Sipa-Press / Moatti / Kleinef-feun © A.D.G.P., Paris, 1990
156	ph © Jerrican / Gable
158	ph © Vloo / Efrin Knight
159	ph © REA / Decout
160 g	ph © Jerrican / Gaillard
160 m	ph © Jerrican / Gaillard
160 d	ph © Jerrican / Gaillard
161 g	ph © Jerrican / Gaillard
161 d	ph © Jerrican / Magrean
164	ph © Pix / Benazet
171 hg	ph © Giraudon © By Spadem, 1990 © Maya
171 hd	ph © Edimédia
171 bg	ph © Giraudon © By Spadem, 1990 © Sucession Matisse
171 bd	ph © Giraudon
172 m	ph © Pix / P. Viard
172 bg	ph © J.P. Dumontier
172 bd	ph © J.P. Dumontier
175 h	ph © Jerrican / Labat
175 b	ph © Vloo / H. Blume
178	ph © Gamma / Pool Bicentenaire
185	ph © Gamma / B. De Hogues
186	ph © Rapho / Pupkewitz
186/187 h	ph © Gamma / Ch. Vioujard
187 b	ph © REA / Rudman
188	ph © Jerrican / Gaillard
189	ph © Jerrican / Ivaldi
Couverture hd	ph © Montferrand / Vloo
Couverture md	ph © Air France
Couverture bd	ph © J.P. Dumontier
Illustration des dialogues	C. Bekret
Dessins	J. Lerouge
Schémas	J.-P. Serenne (p. 147)

Imprimé en France par I.M.E. - 25110 Baume-les-Dames
Dépôt légal : Juillet 1999
N° imprimeur : 13503